EARTH'S CHANGING LANDSCAPE

Population Growth

Philip Steele

FRANKLIN WATTS
LONDON • SYDNEY

This edition 2007

Franklin Watts
338 Euston Road
London NW1 3BH

Franklin Watts Australia
Hachette Children's Books
Level 17/207 Kent Street
Sydney, NSW 2000

Copyright © Franklin Watts 2004

Series editor: Sarah Peutrill
Series designer: Simon Borrough
Art director: Jonathan Hair
Picture researchers: Juliet Duff and Diana Morris
Series consultant: Steve Watts, FRGS, Principal Lecturer in Geography Education
at the University of Sunderland

A CIP catalogue record for this book is available from the British Library

ISBN: 978 0 7496 7264 5
Dewey Classification: 304.6

Printed in Malaysia

Picture Credits:
Adina Tovy Amsel/Eye Ubiquitous: 25. Sebastian Bolesch/Still Pictures: 35t. Jon
Bower/Ecoscene: 11. Andrew Brown/Ecoscene: 17. Howard Brundrett/Eye Ubiquitous:
28. D. Cummings/Eye Ubiquitous: 33. Daniel Dancer/Still Pictures: 7t. Nigel
Dickinson/Still Pictures: 14b. Digital Vision: 14t, 18, 20, 26, 29, 30, 31, 32. Mark
Edwards/Still Pictures: 13. K.Glaser/Custom Medical Stock/SPL: 42. Sylvia Greenland/Eye
Ubiquitous: 24. L. Hong/UNEP/Still Pictures: 16. Earl & Nazima Kowall/Corbis: 34. Frank
Leather/Eye Ubiquitous: 22. Sally Morgan/Ecoscene: 38. Knut Mueller/Still Pictures: 39t.
NASA/SPL: 43. Christine Osborne/Ecoscene: 15, 39b. Edward Parker/Still Pictures: front
cover, endpapers, 6. Geoff Redmayne/Eye Ubiquitous: 9. Leon Scadeberg/Eye
Ubiquitous: 27. Jorgen Schytte/Still Pictures: 21. Sipa/Rex Features: 37. Charlie Pye-
Smith/Still Pictures: 7b, 40. Mike Southern/Eye Ubiquitous: 8. Sean Sprague/Still Pictures:
35b, 41. Jochen Tack/Still Pictures: 23. Paul Thompson/Eye Ubiquitous: 10. David
Turnley/Corbis: 36. Voltchev-UNEP/Still Pictures: 19.

Every attempt has been made to clear copyright. Should there be any inadvertent
omission, please apply to the publisher for rectification.

Franklin Watts is a division of Hachette Children's Books.

CONTENTS

THE HUMAN LANDSCAPE

Tens of thousands of years ago, a hunter could track animals for months and never see another human in the empty landscape. Today it is hard to find a spot to be alone for five minutes. Our world is now home to about 6,215 million people, and that number is growing.

Living on Earth
As humans, we are part of the natural world. The environment has made us the way we are. It has affected the way we look and the way we behave. We have changed the natural world in our turn, by taking from it the water, food and resources which we need in order to stay alive.

People and nature
All living creatures must adapt to the natural environment in this way. They use the planet and are shaped by the planet. As humans, however, we can go one stage further. By using our intelligence we can change the environment to suit our needs. That is the secret of our success as a species. However this ability does hold downsides, both for us and for the planet on which we live.

Digging and delving
Humans have always had an instinct to dig and delve. Stone Age people learned to dig out flints and to flake them until they had razor-sharp edges. They made axes with them to cut down forests. They changed the world in which they lived.

Brazil has a population of 176.5 million and eight out of every ten people live in towns or cities. Its natural rate of increase is currently 1.3 per cent each year.

This landscape in Washington State, USA, has been stripped bare by loggers. No cover remains for wildlife and the soil is exposed to wind, rain and ice.

Road-building around the Channel rail tunnel in southern England destroyed the natural environment of the Farthingloe valley.

Changing the landscape
As the human population of the world grew, its effect on the natural world increased. Today, great cities stretch across the plains. Railways and motorways cut through hills and cross rivers. Most of the countryside we see is divided up into cultivated fields. There are still huge areas of wilderness, but in the future these may also be touched by human activities.

PEOPLING THE PLANET

As humans evolved or developed, they interacted with their environment. This interaction caused their numbers to rise or fall. The numbers of humans never dropped for very long. Over the ages, the world's population rose steadily. People spread around the globe.

A small world
In about 15,000BCE the world's population was only about five million. People lived by hunting herds of large animals and gathering plants. They could not ensure a reliable source of food and had to wander as the herds migrated season by season.

Farms and cities
By 5,000BCE the world population had reached about 66 million. The climate was warming, making it possible for more and more people to learn how to farm. They could settle in one place and plant crops. This made starvation less common. Life was safer inside the walled towns and cities that were now growing up.

Bronze and iron
The mining and working of metals led to the stripping of woodland by axes, to better ploughs but also to deadlier weapons. The world population continued to increase, reaching 250 million around 2,000 years ago. Ships and boats were helping people settle and farm new lands.

These fields in Peru were dug by Inca farmers, 500 years ago.

Plague and war
During the Middle Ages (around 500–1475CE) there were terrible diseases. By 1000CE the world population had dipped to about 240 million. After this it once again grew, despite major setbacks caused by repeated outbreaks of deadly infectious diseases such as bubonic plague, which killed millions. Farming, trade and settlement all suffered. Because there were fewer people, those workers who did survive could bargain for more money for the work they did.

Follow it through: farming and population

People lived by hunting, following herds of wild animals

People learned to plant seeds. This offered them food in the same place the following year

Take it further
Pay a visit to an old churchyard or cemetery and look at the graves.

◆ Did people die younger in the 1800s or the 1900s?
◆ What might explain the difference?
◆ Do any gravestones say how people died?
◆ Do any gravestones say what people did for a living?
◆ Look at the information you have found out. How might it have affected your local community or the countryside?

This is the winding gear that lowered miners to the coalface during the industrial age of the 1800s and 1900s.

Rapid growth In the 1500s and 1600s the world population raced ahead once more, reaching about 679 million in 1700. This was a great new age of global exploration and trade. People tended to have large families. One reason was that without machinery, many hands were still needed to run a farm. Another reason people had large families was to make up for the fact that many children would die in their infancy or as young adults.

A new age The 1800s saw a new age of science, medicine and healthcare, and of technology, transport and industry. As a result, the world population reached about 1,633 million by 1900. The landscape was mined and farmed and built over as never before.

People now stayed in the same place year after year, building a town

Any extra food farmers grew could be traded for other goods

The land was soon covered in fields, buildings and roads

9

HUMANS EVERYWHERE

After the 1900s, the population of the world grew very quickly indeed. By 1920 there were 1,962 million people. By 1950 there were 2,525 million and by 1990 5,290 million. Today, the 6,000 million mark is already behind us. This has been described as a population explosion.

High-rise Hong Kong, home to 6.8 million people.

A crowded world Many parts of the world, such as hot deserts or icy wastelands, are not suitable for human settlement. Most people live where there is food, water and a chance to work. In the last 100 years some of these regions have become very crowded. In Bangladesh the population density has increased to 928 people per square kilometre. In smaller built-up areas, such as the Chinese region of Macao, there are 22,150 people per square kilometre.

Follow it through: medical advances → Large numbers of people die from a disease → Scientists learn how to prevent or cure the disease → Fewer people die and so the population rises

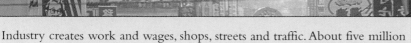

Industry creates work and wages, shops, streets and traffic. About five million people live in the Chinese city of Shenyang.

Why so many? The main reason that the population explosion took place was better healthcare. We could now stop people catching diseases, by immunisation. We learned why diseases happened and how to save lives with new medicines, such as antibiotics. Many more mothers and infants now survived childbirth.

Another reason for the population rise was improvement in water supply, in crop yields, food quality and diet. All these factors helped us to live longer and live better.

What about the planet? The existence of so many people in the word has a huge effect on the environment. People need food, water and shelter just to exist. They create waste. They use fuel, they build dams. The more people there are, the more the world is changed.

Case study: China
The fertility of the plains, river banks and coasts of eastern China has made this region one of the most populated places on Earth for thousands of years. The chief risks to the population have always been extreme earthquakes and floods. However population growth was supported at an early date by intensive farming and clever technology, by organised government and protection within walled cities.

Population explosion
The global population explosion of the last 50 years has been at its most extreme in China. Today, its population is the world's highest, at 1,288,700,000 – 20 per cent of everyone living on Earth, in an area that covers only 7 per cent of the total area of the globe occupied by people. Cities such as Chonqing are expanding very quickly as many poor farm workers leave the land to seek jobs in towns. As the population grows, settlers are also moving into inhospitable mountains, forests and deserts in the western half of the country. The incomers are clearing forest, irrigating dry regions for farming and building new roads.

As there are more people giving birth, the population soars ▸ The land cannot provide enough food, living space or employment ▸ More land must be given over to farming or building or people must move elsewhere

NUMBERS AND PLANNING

To find out how many people live in the world, they need to be officially counted. This is called taking a census. The results then have to be studied, to see whether population is rising or falling, and the results help planners decide how resources should be used. The study of population is called demography.

Growth rates The rate at which the world population is growing each year is about 1.3 per cent. This may seem high, but the growth rate has actually been falling over the last 30 years. That does not mean that the number of births is falling, but it does tell us that the population explosion is beginning to level off.

World population figures tell a story which is determined by many factors, including climate, resources, economics, transportation, healthcare and cultural values.

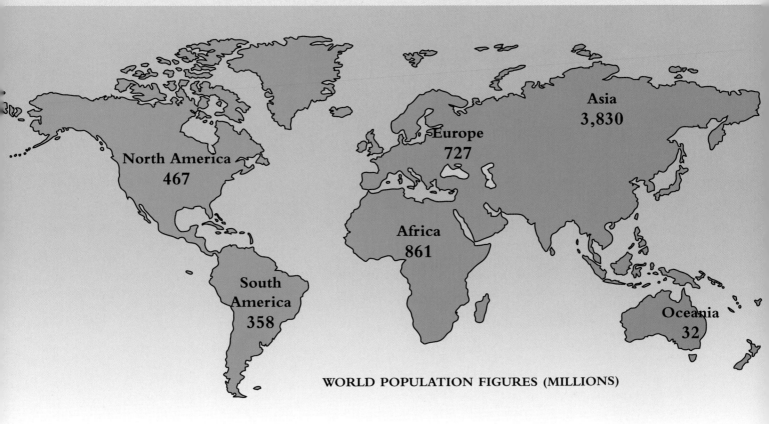

North America
467

South America
358

Europe
727

Africa
861

Asia
3,830

Oceania
32

WORLD POPULATION FIGURES (MILLIONS)

Follow it through: school places

Government takes a census

Number of children in each area is calculated

Future plans Demography is useful because it helps us to plan for the future and to measure the impact of humans on the environment. As scientists monitor the loss of forests, the pollution of the sea or the spread of cities, our knowledge of population growth and density helps us to find explanations and seek solutions.

How many children? The population growth rate is at its highest in Africa (2.4 per cent each year). Because many African countries are poor, people want to have a large number of children to bring in as much income as possible. They also fear losing children to hunger or illness. Having large families has become a tradition. This used to be the case in Europe too, but no longer. Here the growth rate is the world's lowest, currently falling by 0.1 per cent per year. In this wealthier continent, smaller families have more economic power and a better chance of survival.

Fewer babies In the last hundred years, governments and international organisations have tried to reduce the rate at which the population is growing. Many have introduced policies of birth control. They encourage couples to use contraception, so that they have fewer babies. Some religious groups oppose contraception, because they are against the prevention of life. Some countries have tried to limit the size of families, either by law or by rewarding people for having small families. China brought in a one-child-per-family policy. Many people criticised this because it took away people's personal right to choose.

Take it further
Find out about your own family history.

◆ Ask each of your grandparents how many brothers or sisters they had.
◆ If you can, find about your great grandparents as well.
◆ How many brothers or sisters do you and your parents have?
◆ Make a family tree. Which generation had the highest birth rate? Which had the lowest?

A population explosion in Mexico City has resulted in crowded, poor quality housing.

Educational needs for each area are monitored	In some areas more child places in schools are needed	More schools are built
	In some areas fewer child places are needed	Schools are closed and buildings are redeveloped for other uses

PEOPLE AND ANIMALS

As humans, we share the environment with animals and plants. All living things interact with each other within local environments, or ecosystems. The way we treat animals has a major effect on the Earth's changing landscape.

In the wild   Wild animals help to create and shape landscapes. They may graze on certain plants or help to spread seeds. They may dig the soil or fertilise it with their droppings. When the animals disappear, the landscape changes. As populations grow, towns and roads spread into the landscape. This destroys the habitat of wild animals. Many large African mammals can now only survive within fenced off reserves.

Thousands of elephants, shapers of the African savannah, are killed illegally. Their tusks are traded for their ivory.

Australian sheep stations (large sheep farms) can be the size of a small nation.

Hunting   Humans have always eaten wild animals and fish. If too many are hunted and killed, a whole species may become scarce or extinct. Hunting cannot support a large human population however. In today's crowded world, only a very small number of people still live by hunting.

New pastures   Humans invented farming because it is a more efficient way of producing food than hunting. Domesticated animals supply us with meat, milk, hides or wool and horn. To do this, they need good pasture. Meadow land or pasture now occupies about 20 per cent of the world's land surface.

Follow it through: overgrazing

Herders move into thin, dry grassland

Their goats destroy trees and shrub

Overgrazing

As populations rise, herders are forced on to thinner grassland. If there is too much grazing, this can quickly turn to desert. This is happening in Africa's Sahel region, to the south of the Sahara Desert. Overgrazing accounts for about 35 per cent of soil degradation worldwide.

Large herds of goats soon strip the soil bare in Morocco, a land of mountains and deserts.

Land use

Ranching – cattle farming – is now a big international industry. But some people think it is not the best way to feed a hungry world. One hectare planted with soya can produce 22 times as much protein as one hectare given over to beef cattle. With the world population growing, the way we use land may have to change – so that every part is used in the most effective way.

Case study: Ranching in Brazil

Since the 1960s large areas of the Amazon river basin in Brazil have been given over to cattle ranching. A market for cheap beef in North America encouraged this process. The profits were quick and short-lived, while the damage to the environment has been extreme and long-lasting. Much of the grazing area has been cleared from tropical rainforest, by burning. Such soil is not natural pasture and soon degrades. Full tropical forest, which includes slow-growing hardwood trees, has no time to recover before the soil becomes eroded by wind or rain.

Vegetation dies. There are no roots left to trap moisture and bind the soil

In a drought the soil can turn to dust to be blown away by the wind

FEEDING THE WORLD

Plants are the most important source of food for humans. We depend for our survival on basic or staple crops such as wheat, rice or maize. Cultivation of these and other plants has altered natural landscapes all around the world.

Arable land Some of the world's first agriculture took place near rivers, where flood waters left behind fertile mud each year. People have since learned to grow crops in almost every kind of natural environment – on grasslands, in cleared woodland or forest, in wetlands, on mountains. Arable land (used for cultivation) now takes up about 10 per cent of the Earth' surface.

Rice is the staple crop of China and is mostly grown in flooded paddy fields. In highland areas, terraced fields are cut from the slopes. Low walls allow irrigation and prevent soil erosion.

Case study: Farming in Bangladesh

Bangladesh is the most crowded country in the world. Most of its people farm the green, lush plains around the River Ganges and its delta. As the population has grown, plains dwellers have moved into more remote areas of the country, such as the Chittagong Hill Tract. Here the traditional way of farming (known as *jhum* or 'slash-and-burn') has always been to cut and burn a forest clearing, cultivate it for a period and then move on, letting the forest grow back again. The rise in settlement means that there is no longer enough space left for this traditional farming method, so now land is being turned into permanent fields and banana plantations.

Take it further

Collect newspaper or magazine articles on the GM debate. Search the Internet.

- What are the main arguments for GM?
- What are the main arguments against GM?
- How might the use of GM crops affect the less economically developed countries of the world?

Genetically modified maize undergoes a trial planting in the state of Illinois, USA. Some people are concerned about how GM crops will affect the environment.

Feeding the millions With the population explosion of the 1900s, humans had to find ways to use the same amount of land and still feed everyone. This led to intensive farming, which meant that the amount produced could be increased with no increase in costs. This was achieved by farming fewer types of crops on one farm, and by farming larger fields using artificial fertilisers and pesticides. Agriculture became a large-scale global industry. Today, we should be able to produce enough food for everyone. Even so, one in every six people in the world still go hungry as a result of drought, floods, war, poor distribution, unfair trading systems or poor farming policies.

New crops? Another way to increase food yields was to introduce new super-crops, which, for example, are resistant to drought or produce more grain. One method of breeding crops is called genetic modification ('GM'). Scientists alter a plant's genes, which pass its characteristics down from one generation to the next. GM helps to give a plant particular qualities, such as resistance to weeds or pests. Scientists who support GM claim it could be of great benefit to the world's less developed countries. Other scientists disagree and fear it could have a harmful effect on natural ecosystems.

PRECIOUS WATER

The more people there are on Earth, the more water is needed. Over 70 per cent of the Earth's surface is covered in water. The trouble is, most of that water is salty and humans need fresh water. They need to drink it every day to stay alive and they need it for growing crops.

Drinking water In more economically developed countries water is removed from rivers and reservoirs and treated with chemicals and filtered before use. In less economically developed regions of the world, water may be taken directly from wells or rivers that are not clean.

Over a billion people worldwide lack safe drinking water. This is a major cause of disease. In 2003 delegates from 182 countries meeting at the World Water Forum in Kyoto, Japan, agreed the aim of reducing the number of those without a safe and clean water supply by one half before the year 2015.

In Ethiopia women may have to walk long distances to the nearest well. Drought is common and only 25 per cent of water supplies are clean and healthy.

Water shortages When water supplies become insufficient for the needs of a growing population, the first priority is to use less. All unnecessary use of water must be restricted by law. In northern China, where 110 cities face severe water shortages, people have have been limited to 25 litres of water a day and industrial output has had to be reduced.

To solve this problem China has begun a project to divert the Huang He (Yellow River) to bring it through the most populous regions and conserve supply. It is the country's third biggest water project, and it is expected to divert 120 million cubic metres of the river.

New sources of water are always the first priority, but this may cause conflict between thirsty cities, regions or nations. If one location draws off water, another must do without. An increasing world population means that the resolution of such conflicts is essential for survival.

Take it further
Find out where the water in your own home comes from. Where is it treated?

◆ Measure how much water or other liquid you drink in one day. You can do this by using a measuring jug or reading the information on a can or carton.
◆ Can you work out how much you drink in a year?
◆ What other things do people in your home use water for?

Watering the fields
Around 69 per cent of all the water we use is for farming. Water for irrigation can be carried to the crops by pipelines or open channels. Irrigation can have amazing effects: transforming a whole region and turning deserts green. But, with a growing population, there is a conflict between how much water is saved for people to drink and how it is used for producing food.

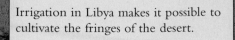

Irrigation in Libya makes it possible to cultivate the fringes of the desert.

TREES AND PEOPLE

About one-third of the Earth's surface is covered in trees. Wooded regions take many forms around the world, from northern evergreen forests, to temperate woodlands and tropical rainforests. These are the richest natural habitats in the world.

Deforestation As the world population rises, the forests are vanishing. Since the end of the last Ice Age around 10,000BCE, half of the world's forests have been destroyed by humans. An area of forest larger than Greece is currently lost to the world each year.

Timber traders Loggers cut down trees to supply the furniture and building trades. Timber is pulped to make paper. Forests are cleared to make way for farms, plantations, mines and towns. A lot of wood is also cleared by poor villagers to use as fuel.

A life force We need forests because they absorb the waste gas carbon dioxide and pump out life-giving oxygen in its place. They give out fresh water in the form of vapour. Their roots bind the soil together, so if they are felled, the soil is soon eroded. When burned down, the fumes add pollution to the atmosphere around the Earth.

The rainforests of Sabah state, in northern Borneo, Malaysia, have been greatly depleted by logging. This timber will probably be exported to Japan.

What can be done? International agreements and laws already limit logging in many areas. However illegal logging is hard to control, as it often takes place in remote areas of poor countries.

More and more forests around the world are protected or managed so that they are sustainable. This means that the felling of trees is carefully controlled and that new trees are planted to replace them. Many companies selling, for example, garden furniture or decking, do now try to buy their wood from sustainable forests.

In Central America and Australia some tropical forests now offer 'eco-tourism'. Here, visitors may study the rainforest ecology without destroying the forest. The money created helps to sustain traditional communities.

Follow it through: forests

Loggers build a road across a region of rainforest

Settlements grow up alongside the road

A young girl carries a heavy bundle of firewood to market in Kathmandu, capital of Nepal. The fuel is used for cooking and heating.

Case study: deforestation in Nepal

Nepal is a mountainous country in the Himalayas. Its population of 25.2 million is growing rapidly, thanks to improved healthcare. People need food so more and more forest in Nepal is being cut down to create terraced fields or pasture. Wood is also gathered in large quantities to heat houses. Deforestation has led to soil erosion, increased water run-off and the swelling of countless mountain streams. This has increased flooding far downstream, where the streams flow into great rivers such as the Ganges.

| The settlers kill wild animals and clear ground for farming | Areas of the forest are divided by roads and towns into small pockets | The natural environment is destroyed |
| Settlement is restricted | The forest is protected | Trees are replanted |

ALL LIVING TOGETHER

Almost half of the world's population now live in an urban environment, in towns or cities. About 32 million people live in Mexico City. Over 26 million people live in the Japanese cities of Tokyo and Yokohama, which have grown together to form one giant conurbation.

Urban sprawl As populations grow, cities spread outwards, swallowing up the countryside and smaller settlements. The natural drainage system of the land is replaced as marshes are drained and streams are piped and converted to sewers and drains. Bulldozers level the soil and cranes tower above the streets. Vast amounts of rubbish are taken to city borders to be buried at landfill sites, or in less economically developed countries rubbish may even just be dumped on the outskirts.

Changing faces The original town may now become the city centre, given over to business and trade. The newer outer areas form suburbs which may include both factories and housing. Sometimes these outer areas become more popular than the old inner city, which is left to become run down and neglected.

Urban renewal Renewing such districts is a constant challenge for town planners. Paris, capital of France, has been transformed many times. In the 1850s large areas of the unhealthy old medieval town were cleared and replaced with broad, well-drained tree-lined avenues. In the 1960s and 70s a second great rebuilding programme took place. Run-down areas such as the Marais were restored and the inner city markets of Les Halles were moved out.

Rubbish operations in urban areas usually involve a huge system from collection to safe disposal, as shown here in Kyoto, Japan.

City needs Cities have many advantages. They can offer better services, better education, better healthcare, more job opportunities. However when so many people live in one place, they place a great strain on the natural environment. The ever rising population need water and food. They need electricity, roads and transport. They produce rubbish and human waste, which must be disposed of.

The places in which people work, factories or offices, need even more resources than their homes. Industry accounts for 21 per cent of all water usage worldwide.

Las Vegas may be a fantasy city, but the resources it needs to survive in a dry desert environment are very real.

Case study: Las Vegas, USA

Between 1900 and 2000 the population of Las Vegas, in Nevada, grew from a few dozen to about 1.5 million. The city developed as a result of railway links in the 1900s, the construction of the Hoover Dam in the 1930s and the building of gambling casinos in the 1940s and 50s. It is a centre of entertainment and its hotels attract millions of visitors each year.

Desert city
Yet this city is built in a fragile desert environment. Rainfall is only about 112 millimetres a year. To supply the city with water and keep its golf courses green, the surrounding natural landscape had to be completely restructured. The Colorado river was dammed to create a vast mid-desert reservoir, Lake Mead. Water use still has to be limited and remains critical to the city's survival.

CONCRETE ALL AROUND

In crowded towns and cities, the impact people have on the natural landscape is at its most extreme. Humans create a world of their own, a paved environment with cliffs of concrete, steel, brick and glass. This extends deep underground, with drains, sewers, pipes, cables and subways.

Building space When there is little more room to spread outwards, buildings begin to rise higher. City-centre skyscrapers or high-rise apartments offer large amounts of floor space within a small area of land. Their foundations are long tubes of steel called piers or piles, which are pushed into tough underground rock. In softer soils, a great raft of concrete reinforced with steel rods is built to support tall buildings.

Skyscrapers may make beautiful and prestigious buildings, but are not always suitable for housing. People like their own space and children need to play outside. Housing to accommodate large numbers of people may include terraced homes or large estates.

In some countries, particularly growing tourist areas such as Ibiza, in Spain, building work is constantly happening.

City weather The city environment can even affect the weather. Heated buildings make cities warmer than the surrounding countryside, making snowfall less likely. High-rise buildings set up their own air currents, creating windy city centres.

Less impact The more harmful effects of a city on the environment can be reduced by careful planning. Rivers can be kept clean. Areas of natural landscape can be preserved within the city limits. Waste can be recycled.

Parks and gardens Green landscapes do survive within city parks and suburban gardens. Some are remnants of the natural landscape, but most are created to give people a chance to escape from the crowds, play sport and relax. Many are also colonised by wildlife. Cities provide an ideal habitat for many bird and mammal species.

Follow it through: city populations ▸ Large numbers of people move to the city to find work ▸ A lot of housing is needed

Nature's revenge

The city environment created by humans is just as destructible as the natural one. We forget this until it is torn apart by an earthquake or fire in a few minutes. Concrete breaks up and metals rust. If the city is abandoned to the rain and wind, plants soon root in the cracked pavements.

Chicago, USA, became one of the world's first high-rise cities when it was rebuilt after a fire in 1871. Chicago's concrete skyline rises high above Lake Michigan and the surrounding flat lands of the prairies.

Terraced homes and large estates are built

With too much housing, some areas begin to lack green space and become unattractive

Areas are renewed

Area becomes run-down

TRANSPORTING PEOPLE

The more people there are, the more they need transporting from one place to another. Within a city, people need to get to work. Emergency services need to get people to hospital in a hurry. People need to travel abroad for holidays or business. Goods need transporting too.

Traffic needs transform the landscape and threaten the environment through construction and air pollution.

Human footprints

Moving around leaves its mark on the landscape. Even walkers can wear down a rocky mountain path. However ships, trains, cars and aircraft all leave a far bigger 'footprint' on the land. These methods of transport were developed to meet the needs of the population explosion. They also helped to make it happen.

**Follow it through:
car use**

A growing population buys more cars

The roads become jammed

Bypasses and new roads are built

Population distribution Transport plays a big part in population distribution. For example, many big towns developed around railway junctions and seaports. Transport encourages tourism and trade and opens up remote areas. All of these transform the landscape still further.

Efficiency More roads mean more cars, and this in its turn leads to more roads being built. Is there no way out of this loop? One way is to limit access to the busiest roads or city centres, perhaps by charging motorists. Another is to greatly improve public transport. Building a railway track and building a road both affect the environment. However, a train can hold hundreds of people, while a car often only holds one. Trains are a more efficient method of transport.

Road building in Xinjiang Province, China. With rapid expansion of China's economy this has become a priority. There are over 13.2 million vehicles in China which use the country's 1.33 million kilometres of road.

Take it further
Imagine you are building a new road. Think of the engineering problems you might face.

◆ Choose a route between two population centres.
◆ How might building your road affect the environment?
◆ How might it affect the way in which population is distributed?

Transport solutions It is very difficult to build new transport systems in densely populated city areas. New tracks for light railways or underground tunnels may require the demolition of existing housing. New city airports may cause noise and safety problems. One solution is an overhead monorail, as has been built in Sydney, Australia, but monorails rarely carry large numbers of passengers.

People buy more cars	Charges for road use and parking are increased	Public transport is improved	Fewer roads need building
	Even more roads are built	Car use increases further	More jams and eventual gridlock

SUPPLYING THE WORLD

The population growth of the last hundred years has been marked by an ever-increasing demand for minerals, substances that need to be extracted from rock or soil. Before 1900 about 150 million barrels of oil were produced worldwide each year. By 2003 over 78 million barrels were being produced every day.

An open-cast copper mine stretching into the distance in Chile.

Oil wells Oil, one of the most important minerals, is hard to get at. A thick, black, sticky liquid, it is found underground, trapped in certain kinds of rock. It often lies beneath the seabed or in other fragile environments, including frozen Arctic tundra, tropical wetlands and deserts. These environments are easily disturbed by drilling and production. Oil is processed to make petrol and diesel for transport, heating fuels and all manner of plastics and lubricants. The more people there are, the more oil is used.

Pits and shafts Think too of all the metals used in a town as its population grows – cranes, lorries, cars tools, coins, cans and tins. All must be extracted from the Earth. In quarries and open-cast mines, digging takes place at the surface, creating great pits and scars across the landscape. In underground mines, shafts are either bored sideways into hillsides or downwards, perhaps as much as four kilometres into the Earth. Rocks, ore or coal may be blasted out with explosives, broken up with drills or sliced with cutting machines. Some minerals may be flushed out with water or steam.

Mined landscapes When the minerals run out, the landscape may be left looking more like the surface of the Moon, surrounded by heaps of spoil. Shafts and pits fill with water and collapse, the land slips and slides. The site must be made safe, filled and planted to return to a more stable state.

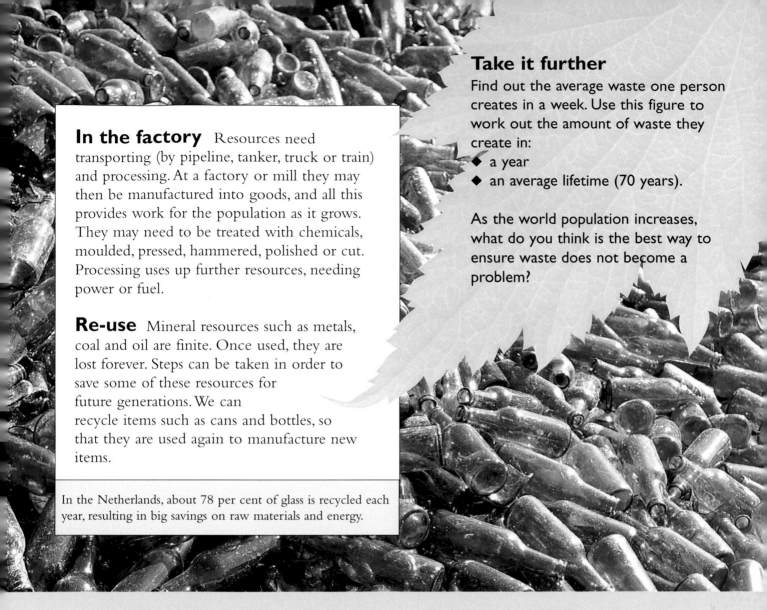

In the factory
Resources need transporting (by pipeline, tanker, truck or train) and processing. At a factory or mill they may then be manufactured into goods, and all this provides work for the population as it grows. They may need to be treated with chemicals, moulded, pressed, hammered, polished or cut. Processing uses up further resources, needing power or fuel.

Re-use
Mineral resources such as metals, coal and oil are finite. Once used, they are lost forever. Steps can be taken in order to save some of these resources for future generations. We can recycle items such as cans and bottles, so that they are used again to manufacture new items.

In the Netherlands, about 78 per cent of glass is recycled each year, resulting in big savings on raw materials and energy.

Take it further
Find out the average waste one person creates in a week. Use this figure to work out the amount of waste they create in:
◆ a year
◆ an average lifetime (70 years).

As the world population increases, what do you think is the best way to ensure waste does not become a problem?

Case study: Nauru
Nauru is an island in the Pacific Ocean, with an area of just 21 square kilometres. The islanders once believed it to be the only place in the world. However after 1784 the island was discovered by outsiders – Germans, then British, Australians and New Zealanders.

Phosphate mining
From 1888 the new settlers mined Nauru for phosphates – salts that are used to make fertilisers. These were exported in huge quantities for over a century, as farming developed to feed the world population. However mining made Nauru itself unfit for agriculture. The population of 9,000 had to crowd into the narrow coastal strip, while 90 per cent of the island became a ghostly wasteland.

Nauru today
In 1993 the islanders were paid money for this lost land. Today there are only a few years of mining left on the island. Plans are to restore the landscape, attract tourists with offshore diving and to attract wealth by creating a tax haven.

ENERGY NEEDS

In the past 30 years global demand for energy has almost doubled. In the next 20 years it is set to soar by 60 per cent. Large populations in industrial countries use huge amounts of electricity. This can be made or generated in many different ways. Nearly all of these methods impact on the landscape.

Burning up Electricity is generated by spinning turbines, which need to be powered. In 85 per cent of power stations, this energy is provided by coal, oil or natural gas. Their use has already changed the environment we live in through mining, drilling and air pollution.

Nuclear power Nuclear fission releases a vast amount of energy. A reactor is used to turn this into a continuous supply of heat. Nuclear power requires extremely high standards of safety. A release of nuclear material may give out unseen radioactivity, which lingers in soil or water and endangers life.

Other major problems include the disposal of nuclear waste, whether underground or at sea. Such material may remain radioactive for hundreds or thousands of years.

Many industries consume fuel night and day, all year round.

Follow it through: geothermal energy

Rainwater seeps down through rocks and soil

Far beneath the surface there are red hot volcanic rocks

Power from water Turbines can also be turned by flowing water, to generate hydroelectric power. The water may come from a dammed river, lake or waterfall, or from tidal currents in a river or sea. The building of a dam floods valleys. Interruption of flow affects not just the site of the dam but the whole course of the river and its basin. Tidal barrages across rivers also affect river flow, as well as plant growth and the migration of fish and birds.

Wind and Sun Water is said to be a renewable energy source, because it is not consumed in the generation process. Other 'renewables' include power from the Sun, which is used to activate panels of electric cells, geothermal energy, which uses volcanic heat from deep underground, and wind turbines. These giant windmills are often placed along ridges of hills or windy shores. They are mostly located in areas of low population, where people sometimes complain that they spoil the beauty of the natural landscape. For this reason some countries plan to erect wind turbines out at sea.

Renewables do not cause pollution and are not dangerous. However at the moment they account for only 10 per cent of world energy supply. It will be many years before they can produce cheap electricity on a truly industrial scale.

The solar furnace at Font Romeu, France, uses 9,600 mirrors to produce a heat of 3,000°C.

Save it! The USA, with a population of 287.4 million, consumes over 10 times as much energy as the whole of Africa, a continent with a population of 840 million. Africa uses less energy per head of population and recycles more. Many more economically developed countries waste energy and resources, for example by driving petrol-guzzling cars rather than ones with a low fuel consumption. Large savings can be made by cutting down on use and by insulating homes. That in turns saves resources and conserves the land.

The water is heated. It wells back up to the surface or bursts through as steam

The steam turns turbines to generate power

No fuel is needed, so there is no pollution

As the world population has grown, so have the piles of waste and rubbish we have to dispose of.

Human waste
Humans, like all living things, produce waste. Small amounts of sewage are easily broken down by organisms in the soil. However as human settlements grow, sewage is often piped into rivers or out to sea. There, the sludge has to be broken down by oxygen in the water. If there is too much sewage, there is no oxygen left for plants or fish. The water smells foul and can no longer support life. Waste is treated and water cleaned at sewage works, but these are expensive to build and operate.

Rubbish!
In the less developed parts of the world, much domestic rubbish is vegetable matter, which easily rots away. In developed countries, much of it is made up of plastic supermarket wrappings and other items, which never break down in the soil. Such waste can be reduced by recycling and by bio-degradable packaging.

A graveyard for cars at Amsterdam, in the Netherlands.

Follow it through: pollution

Large numbers of people live in one place

There are high numbers of cars

Cars emit chemicals that become trapped by warm air over the city

The busy North Sea area.

Case study: The North Sea

The North Sea is a shallow arm of the Atlantic Ocean, lying between the United Kingdom, Belgium, the Netherlands, Germany and Scandinavia. These are some of the most densely populated and industrialised lands in Europe. Oil is drilled in the seabed itself, there is fishing on a large scale and some of the world's busiest shipping lanes. The North Sea is polluted by industrial metals, sewage, spoil from dredging, farmland run-offs and shipping oil. Almost half of its pollution comes from rivers, such as the Rhine. The air and the rainfall is polluted by factories, oil refineries, power stations and transport. Countries bordering the sea are working to reduce pollution levels and conserve fisheries.

Population conflict

Household and industrial chemicals turn many rubbish dumps and landfill sites into cocktails of toxic waste. This is land that becomes unsafe for future development. Refuse is often carried out of large population centres to areas where there are fewer people. Such dumps, however, are not pleasant neighbours. Rainwater may wash the poisons into soil and rivers. Fertilisers from farmland and waste from factories also poison land, rivers and oceans. People in rural areas sometimes protest against disposal sites on their doorstep.

Poisoned air Chemicals are released into the air by factories and by exhaust fumes from traffic and shipping. Gases given off by the burning of fossil fuels form clouds of smog over cities.

Climate change Gases pumped into the atmosphere, the layer of air surrounding our planet, may be trapping in the Earth's heat. Many scientists believe that this is causing the climate to warm very rapidly. Global warming could result in the melting of polar ice caps, the flooding of low-lying coasts and desertification.

Sunlight reacts with chemicals causing poor air quality

Increased incidence of health problems such as asthma
Plant and tree growth slows
Buildings and materials corrode faster than in rural areas

Car restrictions in urban areas may be introduced

EMIGRATION

People have always moved around the world. Migration can have a dramatic effect on population levels and distribution, as old lands are left behind (emigration) and new lands are settled (immigration). This in turn affects the way land is used.

Escaping poverty The most common reason for the movement of peoples is economic. People move to escape hunger or poverty. This may be because their population is too large to be satisfactorily supported by its resources, for example Bangladesh, or because it is simply too poor to exploit those resources fully, such as in Ethiopa.

Case study: Lesotho's migrant workers

Lesotho is a small mountainous country surrounded on all sides by South Africa. It has a population of 2.2 million. Only 10.5 per cent of the land is suitable for farming, so over one-third of the adult male workforce leaves to work in the mines of South Africa. The money they send home to their families is the most important source of national income. Such division of the workforce affects agriculture, herding, settlement and society.

When Lesotho men leave to work abroad, women stay behind to tend the crops.

Fleeing disaster

Sometimes it is the environment which affects migration, rather than the other way round. Erupting volcanoes, earthquakes, floods or drought can force people to flee their homes. Some of these natural disasters can make the land uninhabitable. However people often return once the disaster is over. People resettle the slopes of volcanoes despite the danger of another eruption, because volcanic soils are often very fertile.

Conflict
Persecution or conflict can set large numbers of people into motion, when armies invade and people flee. The Second World War (1939-1945) may have killed as many as 45 million people. It left the cities of Europe in ruins and made over a million people into homeless refugees. Today there are 22 million refugees worldwide. In Afghanistan over 23 years of war and drought caused many people to flee the country, abandoning farms and bombed out buildings.

Refugees on the road from Iran, returning to their home country of Afghanistan in 2002. Only seven per cent of refugees go to developed countries. Most flee to neighbouring developing countries, where resources are often limited.

Rice farming in Haiti is often hard, manual work.

Skill drain
Emigration can lead to a reduction of younger or skilled workers. In Haiti the population growth remains relatively high at 1.7 per cent a year, the highest rate in the Caribbean. However many Haitians leave their homeland for Colombia, Venezuela or the USA, and this means that the country is losing its pool of young people. This leaves an ageing population to work in the Haitian rice fields.

IMMIGRATION

Immigration can bring about as many changes as emigration. Immigrants boost populations – often with people who are eager to succeed. Migrants may bring new plants or farming methods, or new skills which help the economy and can therefore change the landscape.

Past migrations Immigrants are usually attracted to countries where they believe they will find new new land and resources, or work. Native Americans peopled the Americas thousands of years ago in search of new hunting grounds. Europeans arrived in the 1500s to found farming settlements. New migrants arrived from Europe in the 1800s to build cities and factories. Today, people of European origin live in Africa, Asia, Australia and New Zealand, and people of African and Asian origin live in Europe, Australia and the Americas.

Impact and change

Immigration has aways had an impact on the host country. It was Dutch migrants to eastern England in the 1500s and 1600s who helped to drain the wetlands and develop the trade in woollen textiles. Sometimes migrants may bring about a reduction of population, by passing on new diseases, as when the Spanish brought smallpox to Mexico in the 1500s.

In countries with stable population growth immigration can increase the workforce and encourage economic development. However one danger is that the incomers are exploited and paid low wages. They are forced to live in poor districts in poor housing.

Immigrant children outside a housing estate in Marseilles, France. As a Mediterranean port, Marseilles has always experienced high immigration. In the heart of the city, where many immigrants live, there is unhealthy housing, large blocks of flats and unemployment. No other place in France has such a high proportion of people living in poverty.

Wealthy immigrants

Immigrants are not always poor. People from wealthy nations may move to more rural or 'pleasant' areas, often for retirement. This tends to drive up property prices, making it more difficult for young local people to stay in the area. This can result in the depopulation of workers from farming or fishing villages. Large areas of rural France and Spain are settled by English, Germans, Dutch and Scandinavian immigrants.

New influences

Immigration brings cultural interaction and cosmopolitan influence. For many years Australia resticted immigration on racial grounds, but today receives incomers from many Asian countries. Their contribution has transformed cities such as Sydney with new buildings and a variety of skills from information technology to cooking. This has boosted tourism and attracted new business.

Take it further

Find out about immigration in your country. Look at government websites, census figures or ask immigrant organisations.

- How many newcomers arrive in the country or neighbourhood each year? What percentage is that of the whole population?
- What percentage of the population was born outside the country?
- Find out which ethnic minorites form significant groups.
- What jobs do immigrants do?
- Can you think of any ways immigration impacts on the environment? For example, are migrant agricultural workers employed in your locality?

A striking Hindu temple rises amongst traditionally English housing in Neasden, a suburb of London, UK.

Health, population and land are all closely linked. Poor harvests result in malnutrion and disease and many young children die. Better healthcare means longer lives, reducing the economic need for poor people to have larger families.

An unhealthy swamp is cleared and drained in Malaysia.

Swamps and parasites Some of the world's worst illnesses are linked to the environment. Malaria is one of them, a fever caused by parasites. These are passed on to humans by the bite of certain mosquitoes, which breed in tropical swamps or stagnant water. There are about 300–500 million cases of malaria in the world each year, resulting in around a million deaths. Draining wetlands and ponds is part of the programme for getting rid of this illness.

Diseases that affect cattle or other farm animals can be just as disastrous to farming communities as human ones.

Work-related illness Some illnesses which have a grave effect on population and the economy are caused by the work people do. For example, miners often breathe in dust from the coal or rock they drill and this can damage their lungs, causing breathing difficulties or death.

Follow it through: disease in water

Lakes, ponds and irrigation canals are used by villagers in tropical Africa

They become contaminated by sewage. Snails in this water carry a deadly parasite

Mass killers When deadly diseases reduce the population on a large scale, they affect farming, trade and settlement too. In 1347–1351 a plague called the Black Death probably killed about 75 million people in Europe and Asia. Villages and towns were abandoned.

Today it is the disease HIV/AIDS which devastates towns, farming villages and sometimes whole populations. In Zimbabwe one third of all people between 15 and 49 years of age suffer from this condition. This can leave farming areas neglected, which in turn makes it difficult for the people to support themselves.

Food aid save lives... in the short term.

Village children are vaccinated in Goa, India.

World health Today, the World Health Organisation coordinates the fight against disease on a global scale. Many of the worst illnesses can now be prevented, treated or cured by drugs. However these are expensive to buy and many less developed countries cannot afford them. Richer countries and charities often supply the poorer ones with medical aid.

The developed world also sends food aid to prevent malnutrition and starvation. This may prevent immediate loss of life but, in the longer term, projects that restore and conserve the land, to provide seed for hardy crops which will support a family in need, are also important.

| The parasite finds its way into humans | It causes a long-term illness called bilharziasis | Liver, kidneys, lungs and gut may all be seriously damaged | Lakes and ponds have to be cleaned up |

A SUSTAINABLE PLANET

We cannot go back in time, to an age when the planet was green and there were no factories or crowded cities. Development is necessary to meet the needs of an increasing population. However if we take away too many resources and destroy the environment, there will be little of value left for future generations. We need sustainable development.

A tree nursery in Mauritania, a very dry country which suffers from desertification. In 1988 the villagers set up a reforestation project. Since then they have planted over 40,000 saplings which have helped to slow the advancing desert.

Follow it through: using less

African villagers need fuel for cooking and warmth

They collect firewood. As their numbers grow, they use more

Problem solving

One of the first demographers was Thomas Malthus (1766-1834). He believed that farming would not be able to provide enough food for the world's growing population, and that numbers would crash. In fact, science and technology helped humans avoid this disaster. Human intelligence will surely solve many such problems in the future.

Caring for the land

Sustainable development means moving forward carefully, in a way that can be supported over many generations. In this way we can avoid a population crash or global disaster. This involves careful planning, wise management and use of resources. Soil and farmland need conserving, natural habitats such as forests, coasts and oceans need protection. As far as possible, the resources that we use to develop our world should be renewable rather than finite.

Many countries now believe that industrial gases contribute to global warming and have agreed to cut emissions. At Kyoto in Japan, in 1997, 38 industrial countries agreed to have reduced emissions to 5.2 per cent below 1990 levels by the period 2008-12.

Take it further

Peat is taken from ancient bogs in Europe and sold as compost. However sustainable creation of compost is possible:
1. Save uncooked vegetable leaves, tea leaves, potato peelings etc. Do not save bread, meat or cooked foods which attract rats.
2. Place in a compost-making bin and allow to rot.
3. Eventually the waste will form a crumbly, sweet-smelling mixture.
4. Dig it into soil in the autumn, ready for spring seedlings.

World resource distribution

Population levels and distribution are an important part of planning for sustainable development. Family planning programmes and education help to reduce population growth. The fewer people there are, the less will be their impact on the planet. However, the distribution of resources across the world also needs to be considered. The world's more economically developed countries, mostly in the northern half of the world, use a higher share of resources. To change this situation is not an idealistic dream, but a necessity for our survival, a hard fact of life.

This cooker in India is solar-powered and needs no fuel.

Deforestation ➤ Without trees to hold soil together the soil erodes ➤ One solution is to design a cheap but very efficient stove that uses much less wood

FUTURE WORLDS

What happens next? One estimate suggests a world population of 7,818 million by the year 2025, with 9,036 million by 2050. By 2200 it might be about 10,000 million, and some say that at that point the population is unlikely to grow further.

How many?

Nobody can know for sure how the population will grow in the years to come. The United Nations is already down-scaling some of the larger estimates. How many humans can the planet support? Again, nobody knows. Some people believe we have already passed the red light. Others argue that as many as 44,000 million could live on Earth.

Will we cope?

Further rises in population will have a major impact on the planet. This may mean an increase in the size of problems we are already facing. These include the loss of natural habitats such as forests, the spread of deserts and the extinction of many animal species. We may see more wilderness lost to settlement or spoiled by mining and drilling and the spread of towns and cities. We may see global warming leading to climate change and flooding.

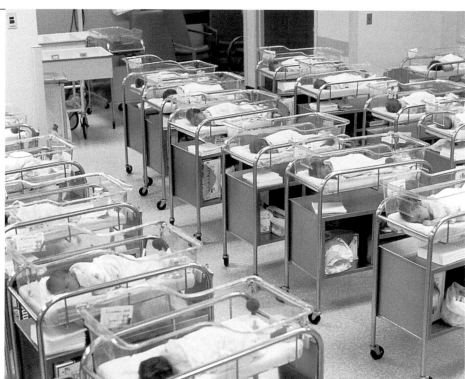

New-born babies have the right to live in a healthy environment, with sufficient food and water. Can we provide this in the future?

Science challenge

Some people believe there is little cause for alarm. Others disagree. Science and technology will clearly make a huge difference in medical research and immunisation, and in farming methods.

Research into genes, unlocking the secrets of life, might affect our attitudes to childbirth, families and population, as well as to the plants and animals with which we share the planet.

Life in space?

One day, perhaps, humans may be even able to settle on other planets. By then, will we have learned how to look after our own one?

A sustainable future

Our understanding of life on Earth and the human environment has increased beyond all expectations in the last 100 years. In 2003 the United Nations reported that half of the world's population was now under 25 years of age. It is up to these people to make use of this knowledge, not for short–term gain but for the benefit of future generations.

Plants have already been grown in laboratories in space. Scientific advances may help humans solve many of their problems.

Case study: the UN

The United Nations (UN), founded in 1945, has representatives from most of the governments in the world. It also runs many different agencies and organisations dealing with almost every aspect of society, from health to industry and the environment. Its successful work shows how important international cooperation is to the future.

The UN in Mongolia

Mongolia is the most sparsely populated country in Asia. It includes large areas of grassland and desert and many of its people are nomadic herders. The UN, through its agencies, helps Mongolia in various ways:

◆ It provides equipment and training for census-taking.
◆ It has helped with the collection of data on population, the registration of households and using this information in planning the country's development.
◆ It has hosted an international conference in Mongolia on sustainable development, which included studies of the traditional Mongolian diet.
◆ It helps train healthcare workers and fights disease.
◆ It provides information about family-planning.
◆ It has supported local and environmental conservation projects
◆ It has supported the development of industries.

GLOSSARY

Aid   Help, money or food given by one country to help another.

Biodegradable   Made of substances which break down or rot naturally.

Birth control   Regulating the number of births by the deliberate prevention of childbirth.

Cash crop   A crop grown for sale, profit or export.

Census   An official count of the population.

Contraception   Any method of preventing women becoming pregnant, such as condoms or pills.

Conurbation   Cities which have grown until they merge.

Demography   The scientific study of population and related subjects such as births, deaths, health etc.

Domesticated   Of animals, tamed and bred by humans.

Ecosystem   The network of living things within a particular environment and how they interact with each other.

Eco-tourism   The development of tourism which promotes concern for the environment rather than harming it.

Environment   The world around us.

Extinct   No longer surviving, having died out.

Fertiliser   A natural or chemical treatment designed to enrich the soil.

Genetic modification (GM)   The alteration of the genes which occur naturally within a species of plant or animal. The genes are the natural mechanism for passing on characteristics from one generation to another.

Global   Worldwide, affecting the whole planet.

Globalisation   The development of a single world economy.

Habitat   A type of natural environment as colonised by living things. Examples include grassland, hot desert, rainforest or seashore.

Hydroelectric power   Energy produced by water-driven turbines.

Immunisation   The protection someone is given against a particular disease, for example by giving them a very small dose of the same disease so that their body learns to resist it.

Intensive farming   Farming to produce the maximum amount of food possible for the lowest cost.

Migration   Movements of peoples from one region to another.

Monorail   A transport system in which carriages are suspended from a single overhead rail.

Pesticide   A natural or chemical treatment designed to kill insects and other pests which harm crops.

Plantation   A large estate given over to the commercial production of one particular crop.

Population   The number of people living within a given area.

Population density	The amount of population in relation to the area it occupies.
Population distribution	The way in which a population is spread out, who lives where.
Population explosion	A large and rapid rise in population.
Radioactivity	The disintegration of certain substances, such as uranium, giving off dangerous rays.
Recycle	To make products using old or second-hand materials, in order to save natural resources.
Refugee	Someone who flees from one country to another as a result of war, famine, persecution or poverty.
Sanitation	Drains, sewers and waste disposal systems.
Shanty town	An area of home-made shacks built by poor people on the edges of a city.
Suburb	The outlying districts surrounding a city or town.
Sustainable development	Developing a country in a way that can be kept up without exhausting its wealth or its resources.
Turbines	Machines driven by water or gases which generate electricity as they spin round.
Urban	To do with towns or cities.

FURTHER INFORMATION

Population Reference Bureau
A website that deals with demographic issues such as population, reproductive health, poverty and the environment.

www.prb.org

Greenpeace
An organisation devoted to protection of the natural environment and biodiversity.

www.greenpeace.org

Friends of the Earth International
A campaigning organisation with an environmental agenda, opposing GM crops.

www.foei.org/index.php

Oxfam
This international campaigning organisation deals with poverty, suffering, hunger, development and trade. This site also contains a link to Cool Planet for Teachers, a list of resources, activities, information and ideas.

www.oxfam.org.uk

United Nations Division for Sustainable Development
The UN and its agencies play a global role in issues relating to population, environment and development.

www.un.org/esa/sustdev

Note to parents and teachers: Every effort has been made by the Publishers to ensure that these websites are suitable for children, that they are of the highest educational value, and that they contain no inappropriate or offensive material. However, because of the nature of the Internet, it is impossible to guarantee that the contents of these sites will not be altered. We strongly advise that Internet access is supervised by a responsible adult.

INDEX

IL
MARCO AURELIO
IN CAMPIDOGLIO

Il ritorno della statua bronzea di Marco
Aurelio in Campidoglio è stato reso
possibile dal restauro realizzato con
grande perizia dai tecnici dell'Istituto
Centrale del Restauro grazie anche al
determinante contributo finanziario messo
a disposizione dalla Ras - Riunione
Adriatica di Sicurtà

Claudio Parisi Presicce

IL MARCO AURELIO
IN CAMPIDOGLIO

a cura di
Anna Mura Sommella

SILVANA EDITORIALE

Per la realizzazione della presente opera sono stati
ampiamente utilizzati i contributi pubblicati nel
volume *Marco Aurelio. Storia di un monumento e
del suo restauro*, edito nel 1989 da Amilcare Pizzi
S.p.A. per conto della Ras - Riunione Adriatica di
Sicurtà. Si ringraziano i curatori, gli autori e la
Ras per la loro gentile disponibilità.

 AMILCARE PIZZI EDITORE

Progetto e realizzazione
del Servizio Editoriale Amilcare Pizzi
Direttore editoriale: Angelo Salvioni
Grafica e impaginazione: Studio S.C.G. Milano
Redazione: Mara Losi
Il testo in inglese è stato realizzato dalla CONSEDIT
Fotocomposizione: Sala
Copyright © 1990 by Amilcare Pizzi S.p.A.

Il gruppo bronzeo del Marco Aurelio, per quasi quattrocentocinquant'anni è stato il cuore, simbolico e architettonico della michelangiolesca piazza del Campidoglio.

Negli anni, su questa mirabile statua romana, di epoca contemporanea a quella dell'imperatore del quale celebrava i fasti, si sono andate moltiplicando fantastiche leggende, come accade per le vestigia più presenti nella tradizione della città.

Il ciuffo sulla fronte del cavallo sarebbe in realtà una civetta che canterà all'approssimarsi della fine del mondo: in questa, tra le tante storie che accompagnano il Marco Aurelio, si legge sottintesa una consuetudine alla centralità di Roma nella storia universale.

Oggi le cose sono certamente cambiate e la società internazionale si presenta policentrica e policulturale. Ma non si può dire che sia impallidito nella coscienza collettiva di tutti i Paesi, il senso del segno lasciato dalla civiltà e dalla cultura di Roma, un'eredità di fruizione davvero universale.

Lo testimoniano i numerosi ed attenti visitatori che, da ogni parte del mondo, continuano a salire il Colle più antico di Roma, alla ricerca della storia.

Dunque il Marco Aurelio, simbolo e centro di questo colle, merita di essere consegnato alle prossime generazioni in condizioni che possa sfidare il corso di altri secoli.

Oggi il gruppo bronzeo è stato finalmente restaurato e sarà collocato al chiuso, in attesa di mirate indagini tecnico-scientifiche che consentano la ricollocazione, sul piedistallo michelangiolesco, al centro della piazza capitolina nella quale potrà essere collocata una copia laddove Michelangelo aveva sistemato il Marco Aurelio, in modo da rispettare l'idea architettonica originaria.

Restauro e copia sono stati finanziati attraverso un valido esperimento di collaborazione pubblico-privato: una di quelle soluzioni di intervento misto che, a mio avviso, vanno potenziate ed incoraggiate perché costituiscono una corretta linea di interazione per la salvaguardia dello straordinario patrimonio artistico della città.

L'Amministrazione Comunale ha dimostrato, attraverso l'avvio dell'iniziativa, una particolare attenzione al proprio patrimonio culturale avvalendosi anche della particolare collaborazione della Sovrintendenza Comunale.

C'è voluto, insomma, un concorso generale di forze e molto tempo e pazienza per restituire il Marco Aurelio agli antichi splendori.

E un doveroso ringraziamento va a tutti coloro che si sono adoperati per questo risultato.

Io credo che anche altri importanti monumenti romani potrebbero giovarsi di analoga attenzione e amorosa costanza.

Siamo alle soglie del 2000 e in un mondo che appare sempre più spinto verso una omologazione standardizzata, altrettanto forti debbono essere le spinte in difesa della valorizzazione dei beni della tradizione culturale di ciascun Paese.

La sfida che il nuovo secolo ci impone è proprio quella di saper coniugare in felice, creativa e proficua sintesi il linguaggio universale con il contributo specifico di ogni realtà locale.

Una operazione, questa, che molti significativi elementi di apporto può avere proprio da una tradizione come quella Romana, che ancora, oggi sa conservare la propria vocazione universale.

Franco Carraro
Sindaco di Roma

Strana sorte postuma quella capitata a Marco Aurelio.

La colonna con le sue res gestae *fu attribuita dal Fontana ad Antonino Pio ed ancor oggi la toponomastica stradale certifica l'errore.*

Il suo monumento equestre fu per anni ritenuto di Costantino e a questa interpretazione deve la sua salvezza. La sua rinverdita celebrità è legata alla descrizione fattane da Marco Aurelio in quel compendio di filosofia stoica rappresentato da I pensieri: "... l'essere stato sottoposto all'autorità di un principe e padre che doveva sgomberare l'animo mio da ogni presunzione e farmi comprendere che si può vivere a corte senza aver bisogno di guardie del corpo, di vesti ricercate, di candelabri, di statue di questo genere e di altri simili sfoggi di fasto...".

Ma tant'è. Nel simbolismo in cui tutte le epoche si sono cullate, il monumento equestre diviene di volta in volta emblema dell'impero contro la repubblica, delle spalle rivolte al foro (passato) e dello sguardo verso S. Pietro (avvenire). O, più semplicemente, simbolo di Roma con la sua possanza, la sua sicurezza, il suo dominio sulle genti rappresentato dal piccolo schiavo inginocchiato sotto la zampa destra del cavallo come ci tramanda la tradizione medioevale. A chi si diletta con il simbolismo suggeriamo una nuova lettura legata alla partenza ed al ritorno della statua sul colle capitolino.

È la memoria dei nostri anni. Dall'attentato al Palazzo Senatorio in una notte più buia delle altre dei nostri anni di piombo è nata la motivazione forte per la lunga cura e l'attento asilo al San Michele.

Finiti quegli anni torna nel flagello dell'inquinamento che lo costringe in una teca asettica. Le nuove tecniche di restauro ci hanno insegnato che l'intervento non si fa sull'opera ma sull'ambiente.

E se si inventerà un sistema difensivo certo del bronzo, il Marco Aurelio potrà ancora svettare dal basamento michelangiolesco.

Se non sarà possibile si potrà pensare ad una copia ricavata senza danneggiare la doratura dell'originale. Con grande gioia dei turisti costretti oggi a fotografare solo un'altra copia, quella della lupetta posta vicino alla porta di servizio del Palazzo Senatorio che credono l'originale.

Quel che conta, simboli a parte, è che un'opera d'arte eccezionale, rivelatasi ancor più nel restauro, torni in Campidoglio e ridivenga patrimonio di tutti. Adesso che un poderoso ciclo di restauro si chiude ricordiamoci che la malattia di Marco Aurelio resta la malattia non curata del resto che ci circonda.

Paolo Battistuzzi
Assessore alla Cultura
Comune di Roma

IL CONT
CLASS

Le cronache del tempo non sono particolarmente ricche di notizie su quell'avvenimento che tanta rilevanza doveva avere per la storia architettonica del Campidoglio: il trasferimento del gruppo bronzeo del Marco Aurelio dal Laterano alla piazza capitolina.

Conosciamo infatti, dagli atti del Capitolo lateranense, la preoccupazione dei Canonici per i preparativi che si andavano facendo davanti alla loro basilica, in quel lontano gennaio del 1538, per predisporre la rimozione del gruppo equestre dal massiccio basamento sistino e il loro "grido di dolore" per l'attuazione dell'impresa secondo la irremovibile volontà del papa Paolo III; sappiamo anche, attraverso il diario di Biagio Martinelli, cerimoniere di Sua Santità, che il 25 gennaio di quello stesso anno il papa si recò in Campidoglio per vedere sulla piazza fatta sistemare per l'occasione noviter explanata, quella statua strappata, dalla sua tenace volontà ai Canonici lateranensi, per farne il simbolo di un nuovo Campidoglio.

Nulla invece sappiamo sui modi e sul percorso seguiti per trasferire dal Laterano in Campidoglio la statua equestre del Marco Aurelio: l'itinerario dovette in parte ricalcare le orme di quello percorso solo due anni prima dal corteo di Carlo V diretto in Vaticano, con la differenza che l'imperatore che proveniva da Porta San Sebastiano non fu fatto salire sul Campidoglio, ma dovette deviare verso via di Marforio, mentre la processione con il Marco Aurelio dovette affrontare l'ardua ascesa del colle attraverso la stretta strada che vi si inerpicava dal Foro Romano.

Così possiamo solo immaginare il concorso di folla che dovette seguire, con curioso stupore, lo straordinario avvenimento, ma non possiamo sapere con che animo la Magistratura capitolina accolse questo impegnativo e inquietante segno della «immensa benevolenza» di Paolo III. Una scarna notizia burocratica del 22 marzo 1539 ci informa della decisione del Senato romano di affidare a Michelangelo la risistemazione, ad un anno di distanza dal suo arrivo, della statua di Marco Aurelio.

Quale fosse l'intendimento dei Conservatori, non ci è dato sapere, ma è evidente invece cosa abbia significato per la trasformazione della piazza capitolina il coinvolgimento del grande architetto: Michelangelo, chiamato a modificare la sistemazione della statua bronzea del Marco Aurelio, ha fatto di essa il perno di quel mirabile complesso architettonico che è la piazza del Campidoglio.

Questa piazza, privata per troppi anni del suo significativo elemento di riferimento, ha atteso che il gruppo bronzeo potesse tornare su quello splendido basamento marmoreo, creato da Michelangelo per accoglierlo.

Finalmente, dopo lunghe e attente cure, di cui tutti siamo debitori alla grande perizia dei tecnici dell'Istituto Centrale del Restauro, cavaliere e cavallo tornano sul colle capitolino, grazie anche alla tenace perseveranza dell'Amministrazione Comunale.

Purtroppo però, i complessi e sofisticati esami, compiuti per indagare sullo stato di salute del venerando gruppo bronzeo, ne hanno diagnosticato una condizione così precaria da non consentire alla statua di affrontare, dall'alto del suo piedistallo, una situazione ambientale particolarmente inquinata e pericolosa.

Maximo omnium dolore per dirla con i Canonici lateranensi, ci si è visti costretti quindi a rinunciare, almeno per ora, a ricollocare il monumento nella sua sede originaria al centro della piazza capitolina e a trovare per il Marco Aurelio una sistemazione di ripiego che se consente di rivedere, dopo quasi dieci anni quest'opera straordinaria restituita ad uno splendore insperato, la rinchiude però nello spazio angusto di un'ambienteteca che ne rende possibile l'immediata fruibilità ma ne mortifica le valenze simboliche ed artistiche. Agli inizi di questi anni Novanta appare quindi necessario un preciso impegno di studio e di sperimentazione per trovare le soluzioni tecniche che consentano, in un futuro che si spera prossimo, di restituire il Marco Aurelio, con tutte le garanzie necessarie, al suo piedistallo al centro della piazza, da dove per quasi quattrocentocinquant'anni ha dominato sulla città.

Anna Mura Sommella
Direttrice Musei Capitolini

I rilievi storici di Marco Aurelio nel Palazzo dei Conservatori

I rilievi di Marco Aurelio (1, 2, 3) murati lungo le pareti del I ripiano della scalinata del Palazzo dei Conservatori appartenevano in origine ad un monumento onorario, probabilmente un arco, che celebrava le vittorie dell'imperatore sui Germani e sui Sarmati ed il suo trionfo del 176.

Le notizie più antiche sulle tre tavole marmoree risalgono all'opera dell'Albertini "Opusculum de Mirabilibus", del 1510, che le ricorda collocate nella Chiesa di S. Martina, costruita nel VI secolo sui resti del Secretarium Senatus, un'aula annessa all'edificio della Curia, edificata nel IV secolo come sede di un tribunale penale.

Menzionati anche dal Fulvio nelle sue "Antiquitates urbis" del 1513, i tre rilievi furono trasferiti nel Palazzo dei Conservatori nel 1515 per volontà di papa Leone X, che li fece murare nella parete sinistra del cortile. Nel 1572 i tre pannelli furono risistemati nell'attuale collocazione, a quel tempo strutturata come un cortile chiuso che prendeva luce dall'alto. Nel 1573 venne acquistato dai Conservatori un quarto pannello, proveniente dall'Arco di via di Pietra presso piazza Sciarra, che venne collocato accanto agli altri tre sullo stesso ripiano della scalinata. Creduto anch'esso di Marco Aurelio, conservava fino al 1921 un ritratto non pertinente dell'imperatore, inserito in un'epoca non precisabile, ma certamente non molto lontana dal momento in cui il pannello fu collocato accanto agli altri tre.

Queste note storiche, nonostante la loro brevità ed incompletezza, mettono in rilievo l'esistenza di un programma unitario nella raccolta e nella conservazione di immagini relative all'imperatore filosofo. Nel 1595 i Conservatori affidarono a Ruggero Bescapé il compito di restaurare i quattro rilievi, che furono integrati nelle parti mancanti utilizzando lo schema iconografico della statua equestre, da poco trasferita sulla piazza del Campidoglio. Essa era diventata un modello per i contemporanei già nella seconda metà del XV secolo. Da quando il Platina verso la fine del secolo, con l'aiuto delle raffigurazioni numismatiche, identificò la figura come Marco Aurelio, iniziò l'attività di copia dei ritratti dell'imperatore.

La fama di Marco Aurelio e delle sue raffigurazioni era di molto cresciuta con la prima pubblicazione a stampa dei suoi Pensieri, *effettuata a Zurigo nel 1558 ed a Lione nel 1559 ad opera dell'umanista tedesco Wilhelm Holtzmann, detto Xylander, che negli stessi anni tradusse pure Cassio Dione.*

Appare chiaro che Marco Aurelio agli inizi del '500 era diventato il modello ideale da additare e da imitare per tutti coloro che volessero testimo-niare le proprie virtù di buoni governanti. La statua equestre ed i rilievi, collocati entrambi nella piazza capitolina, riflettevano l'immagine più alta che la cultura umanistica dell'epoca aveva della Roma imperiale. Per questa ragione Luzio Luzi nel 1575, decorando a stucco le volte del secondo ripiano della scala del Palazzo dei Conservatori, utilizzò ampiamente i rilievi e la figura stessa di Marco Aurelio come modelli delle sue raffigurazioni. Enumerando le opere di civiltà per le quali la Dea Roma aveva soggiogato il mondo, scelse la veduta del Campidoglio con la statua dell'imperatore, ad indicare, come documenta il cartiglio con l'iscrizione 'Regiis', il valore esemplare dei suoi sovrani.

Se consideriamo la fortuna del Marco Aurelio dal Rinascimento in poi, ancora non del tutto esplorata, saremo costretti ad ammettere che in una affermazione l'imperatore non fu buon profeta: "Presto dimenticherai tutto. Presto tutti ti dimenticheranno" (A se stesso, VII, 21).

1-2-3. I rilievi di Marco Aurelio murati lungo le pareti del I ripiano della scalinata del Palazzo dei Conservatori.

L'iconografia della statua equestre

Lo schema iconografico

La statua equestre è il monumento onorario più antico e più diffuso del mondo classico. Le fonti letterarie, infatti, ne ricordano oltre duecento, un numero che deve essere certamente moltiplicato, se consideriamo che la maggior parte della documentazione archeologica in nostro possesso non ha riscontro nei testi antichi.

Per comprendere il significato del monumento equestre è utile ricordare che le radici ideologiche vanno rintracciate nel prestigio e nell'autorità che deriva dal possesso del cavallo. Nelle società antiche, infatti, il cavaliere, autonomo in battaglia, occupa sempre una posizione di rilievo. Fin dall'inizio, però, la scelta della statua a cavallo per un monumento onorario assume un valore simbolico. L'iconografia equestre, infatti, trascende qualsiasi riferimento alle circostanze della rappresentazione e richiama con immediatezza la regalità, il coraggio e il potere del personaggio raffigurato.

La tradizione iconografica del monumento equestre era nata certamente in Grecia, dove troviamo statue di personaggi a cavallo fin dal VI secolo a.C. Lo stesso Plinio (*Nat. Hist.*, XXXIV, 19) riconosceva l'origine greca della statua equestre, sebbene egli, per affermare l'originalità di impiego da parte dei Romani, sostenesse che i Greci usavano erigerne solo per celebrare i vincitori dei concorsi agonistici.

I più antichi monumenti equestri di età greca sono sempre votivi o funerari e sono eretti allo scopo di proclamare la posizione sociale elevata di colui che veniva raffigurato. Di conseguenza, le statue a cavallo ritraevano personaggi reali, a parte le divinità associate con l'animale (Dioscuri). Le sculture di quel periodo, però, non avevano ancora intenti fisiognomici.

Con l'avvento di Alessandro Magno e dei suoi successori gli artisti greci inventarono un nuovo tipo equestre con funzione onoraria, che esaltava il valore bellico del cavaliere, in conformità con la rinnovata importanza militare della cavalleria. Nel corso dell'età ellenistica il numero di testimonianze relative a statue equestri aumenta considerevolmente. Da ciò si deduce che l'iconografia equestre era divenuto il genere di rappresentazione più consueto per onorare sovrani, strateghi e magistrati nella loro veste di condottieri.

Svincolata, infine, dall'esaltazione delle qualità di combattente del personaggio raffigurato, la statua a cavallo viene utilizzata dalla collettività anche per esprimere gratitudine nei confronti di benefattori e di privati cittadini.

A questo periodo risalgono i più antichi monumen-

4. Veduta ravvicinata dal basso alla destra della statua.

16

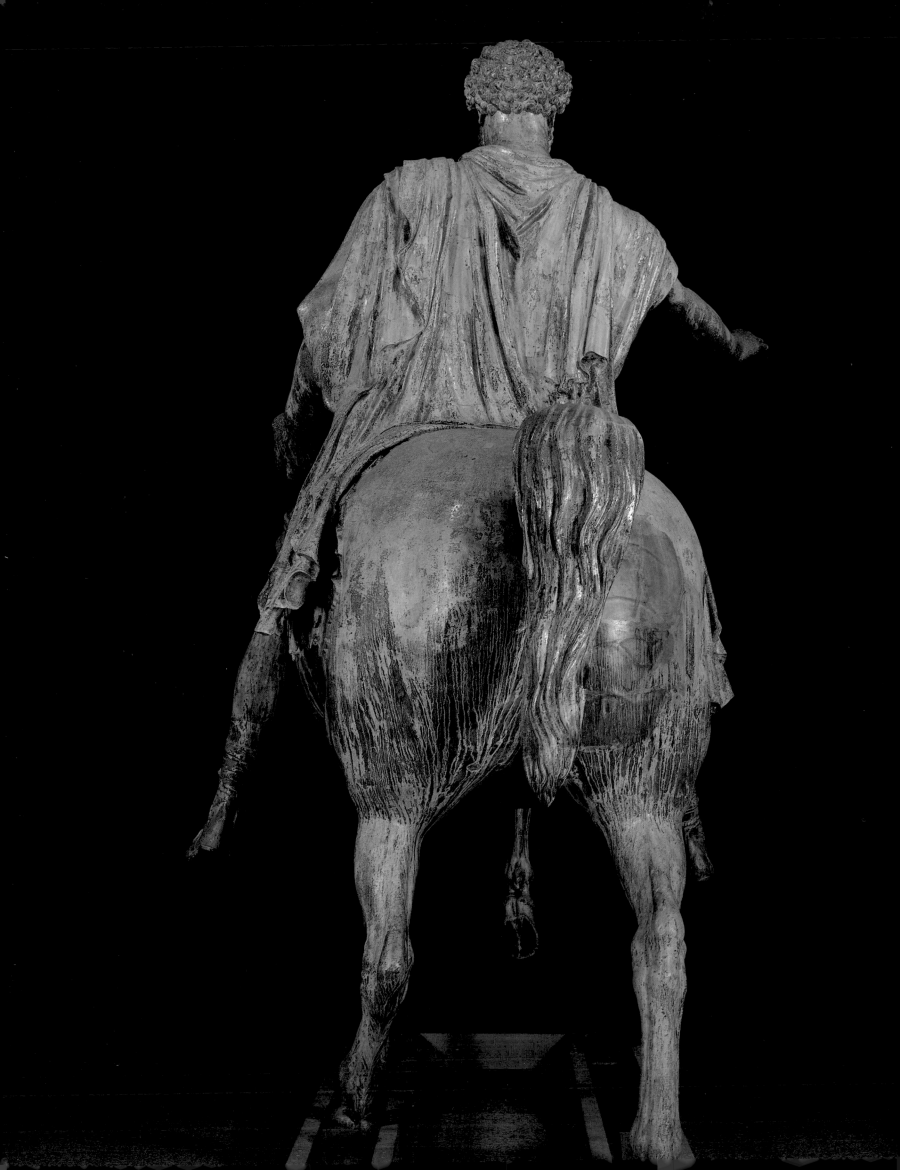

5. Veduta posteriore: obliquità delle spalle del cavaliere e della groppa del cavallo.

6. Veduta frontale: evidenti le asimmetrie sul petto del cavallo e l'obliquità delle spalle del cavaliere.

7. Profilo sinistro: l'andatura del cavallo.

8. Profilo destro: l'inclinazione in avanti del busto del cavaliere.

ti equestri di età romana di cui si abbia notizia: le statue di C. Maenius e L. Furius Camillus, vincitori della lega latina, erette su due colonne presso il Comizio nel 338 a.C.; la statua della fanciulla Cloelia, la leggendaria eroina che riuscì a fuggire dall'accampamento di Porsenna, della fine del IV secolo a.C.; la statua di Q. Marcius Tremulus, vincitore dei Sanniti e degli Ernici, eretta davanti al Tempio dei Castori nel 308 a.C. Esse furono dedicate come riconoscimento pubblico di meriti straordinari, acquisiti in seguito ad imprese compiute per il benessere della comunità dai personaggi raffigurati.

L'originaria esaltazione della *virtus* attraverso la concessione di monumenti equestri pubblici spiega la loro iniziale collocazione esclusivamente presso il Comizio o il Foro repubblicano.

Il modello a cui si ispiravano erano le *agorai* greche ed i santuari panellenici, visitati dai comandanti di eserciti romani che conquistarono la Grecia e l'Oriente.

Nel corso del II secolo a.C., con l'affermarsi degli interessi individuali nella vita politica, fu possibile erigere statue equestri anche per volontà privata. In tale periodo si accentua la caratterizzazione ritrattistica dei personaggi, connessa con lo *ius imaginum* di tradizione patrizia, e si afferma sempre di più la connotazione sociale del monumento equestre, testimone della posizione dominante del personaggio raffigurato.

Il valore simbolico della statua a cavallo indusse il Senato ad esercitare un controllo sempre più rigido sulla concessione di tale onore, determinando di conseguenza anche un criterio gerarchico sulla base della preziosità del materiale (marmo, bronzo, argento e oro). A Roma la più antica statua dorata ricordata dalle fonti fu dedicata nel 181 a.C. da Manio Acilio Glabrione alla memoria di suo padre (Livio, XL, 34, 5).

Ben presto lo Stato, considerato il prestigio che il personaggio raffigurato e tutta la sua discendenza ne traeva, fu costretto ad accordare l'erezione in luogo pubblico di una statua equestre solo in circostanze eccezionali. La distruzione dei monumenti equestri eretti nel Foro decisa dal Senato in diverse occasioni, il tentativo di opposizione all'innalzamento di una statua equestre di Silla accanto ai *rostra* nell'82 a.C. e il rifiuto o la concessione di statue a cavallo a personaggi di fazioni politiche differenti alla fine dell'età repubblicana (Pompeo, Cesare, Lepido, Antonio, Ottaviano), indicano chiaramente che la statua equestre nel corso del I secolo a.C. divenne il principale strumento propagandistico delle mire egemoniche di alcune potenti famiglie della classe senatoria romana.

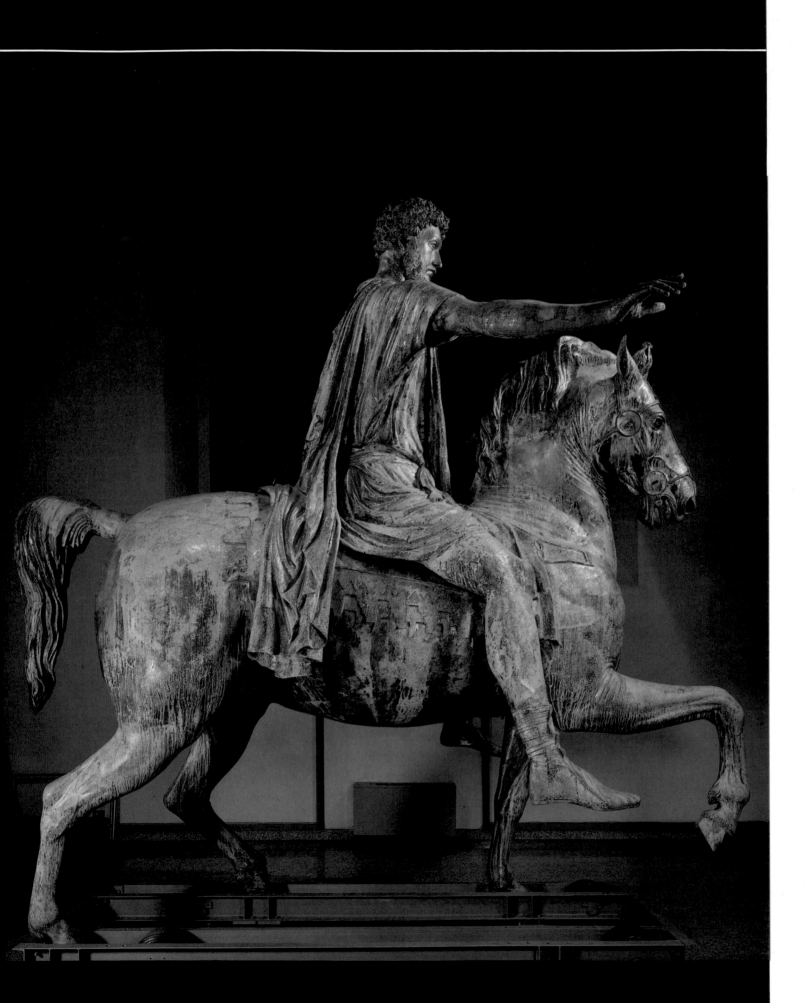

9. Veduta di scorcio alla destra della statua.

10. Veduta di scorcio da sinistra. Evidente la mancanza di assialità tra testa e busto del cavaliere.

Con Augusto e per tutta l'età giulio-claudia l'erezione di statue equestri nel Foro romano, il cuore politico della Roma del tempo, divenne un privilegio quasi esclusivo dell'imperatore e della sua famiglia. È in questo periodo che si vanno codificando i due schemi principali della statua equestre, entrambi ampiamente noti in Grecia. L'uno è quello rampante, l'altro quello stante. Il primo, di tradizione alessandrina, con il cavallo impennato e carico di tensione ed il cavaliere con abiti militari in atteggiamento aggressivo, fino allora utilizzato frequentemente dai generali romani vittoriosi, da questo momento fu riservato all'imperatore e alla sua famiglia, i soli cui spettasse l'immagine del trionfatore e del conquistatore. Il secondo, invece, continuò ad essere utilizzato sia a Roma sia nei municipi, sia per dediche pubbliche che private. Ciò che contrapponeva i due schemi iconografici era il messaggio ideologico che trasmettevano, dal momento che la statua rampante identificava nel cavaliere il *dominator invictus*, mentre quella stante il *restitutor pacis*.

In base alla maggiore o minore conformità ad un modello iconografico già consolidato, l'atteggiamento, l'abbigliamento e gli eventuali attributi del cavaliere, la posizione e la bardatura del cavallo, decorata frequentemente con simboli di divinità, divennero altrettanti veicoli di trasmissione del messaggio prescelto.

Numerose sono le statue equestri di età romana ricordate dalle fonti letterarie ed epigrafiche o note dalle raffigurazioni dei coni monetali. Molte di esse sopravvissero fino a tarda età e furono grandemente ammirate già in epoca antica, come testimonia la visita di Costanzo II al Foro di Traiano nel 357 d.C. I Cataloghi Regionari, databili nel IV secolo d.C., ne ricordano a Roma 22 raffiguranti degli imperatori, ma tra esse non è esplicitamente citata quella di Marco Aurelio, per la quale, a dispetto della sua buona sorte e del suo stato di conservazione, non si ha alcuna notizia.

Il modello iconografico della statua rispecchia le caratteristiche essenziali dello schema con cavallo stante, consentendoci di immaginare quale dovesse essere l'aspetto di molte altre statue andate perdute, tra le quali le più note e ricche di significato erano quelle erette a Roma in onore di Silla, di Domiziano e di Traiano.

La statua di Marco Aurelio presenta dimensioni colossali, che corrispondono a misure quasi doppie rispetto alla realtà. Questa caratteristica la accomuna alle altre statue equestri menzionate nei Cataloghi Regionari, definite *equi magni*. La superficie bronzea era ricoperta dalla doratura, che costituiva per una statua il massimo della preziosità.

11. Tensione del braccio nel gesto di tirare le briglie.

12. Fibbia e pieghe del mantello intorno al collo.

11

Il cavaliere

La testa con il ritratto dell'imperatore è leggermente inclinata verso la spalla destra ed è ruotata rispetto al corpo nella direzione verso la quale si protende il braccio sollevato.

Il volto, ovale ed allungato, ha un modellato a bassissimo rilievo e si presenta di profilo come una grande superficie uniformemente incurvata, da cui sorge il naso e la cui linearità è interrotta solo dalle orbite oculari, soprattutto nella cavità inferiore. Le sopracciglia, tracciate a piccoli tratti con andamento ad arco, sono appena incise sul piano facciale. Due rughe parallele, indicate da due corti solchi ondulati che segnano la fronte tra le sopracciglia e l'attaccatura dei capelli, costituiscono l'unico elemento di tensione presente nell'atteggiamento del volto, che per il resto esprime imperturbabilità e distacco.

Le palpebre superiori, di notevole spessore, s'inarcano profondamente sui bulbi degli occhi leggermente sporgenti.

Le iridi sono definite mediante una linea incisa ad andamento circolare, mentre le pupille sono indicate con una cavità rotonda.

Il naso, fuorché una gobba appena accennata, è dritto e proporzionato.

La bocca, della quale è visibile solo il labbro inferiore, poco prominente, è assai stretta.

Le sopracciglia fortemente incurvate richiamano il disegno di forma semicircolare dei baffi e la grande linea curva tracciata in modo regolare che chiude la fronte all'attaccatura dei capelli.

Questa scansione quasi geometrica del piano facciale contribuisce a determinare in modo caratteristico l'espressione di quiete, imperturbabilità e distacco dei ritratti di Marco Aurelio, qui più accentuata che altrove.

Il carattere disegnativo dei tratti del volto, in contrasto con la capigliatura a masse irregolari e sporgenti, è un elemento riconducibile alla personalità dell'artista, quasi la sua firma, ed è probabilmente connesso con le necessità di uno studio delle caratteristiche del volto fatto "al tavolino" più che dalla realtà.

La testa è coperta da una capigliatura folta e ricciuta. Sulla calotta i corti ricci si incurvano in modo relativamente uniforme, pur essendo la gobba di ciascun riccio abbondantemente frastagliata in modo da far apparire le ciocche mosse in direzioni diverse.

Sulla fronte i capelli formano un motivo singolare che costituisce l'elemento di riconoscimento di una serie di ritratti dell'imperatore: al centro vi sono due ciocche, di cui quella sinistra emerge dritta

13. Lato posteriore del mantello ricadente sulla groppa del cavallo.

14. L'imperatore rivolge lo sguardo nella direzione del braccio sollevato.

15. Lembo del mantello rivoltato sulla spalla sinistra.

dall'attacco alla cute ed in alto si piega, quella destra si attorce alla precedente; alla destra del motivo centrale, si trova un nodo di capelli ripiegato a forma di uncino, sull'altro lato due ricci piegano verso sinistra. Sulle tempie, invece, le ciocche sporgono di lato a forma di fiamma, incurvandosi verso il basso, secondo le caratteristiche dell'ultimo tipo di ritratto creato per l'imperatore.

Sui lati e nella parte posteriore della testa, infine, la capigliatura è costituita da corte ciocche arricciate distribuite in modo uniforme e in volumi compatti, che nell'insieme non ha riscontro in altri ritratti di Marco Aurelio.

La barba, anch'essa folta e arricciata, ricopre le guance, il labbro superiore e quello inferiore e pende giù dal mento a ciocche mosse e piuttosto lunghe. Sui lati del collo le ciocche della barba si arricciano irregolarmente. Caratteristico è il ciuffo di peli fortemente stilizzato presente sul mento al di sotto del labbro inferiore.

Il braccio con la mano destra è sollevato quasi fino all'altezza della spalla ed è leggermente spostato in fuori. Le dita della mano, rivolta verso il basso, sono aperte, ma non tese. Le unghie, di forma trapezoidale, sono segnate con solchi netti. Il gesto, troppo basso per un saluto, è stato inizialmente interpretato come cenno dell'imperatore un attimo prima di prendere la parola, secondo lo schema tradizionale dell'*adlocutio*, documentato sia nelle raffigurazioni delle fonti numismatiche, sia nei rilievi storici. Ma in questo caso l'atteggiamento, accentuato dalle caratteristiche del volto dell'imperatore, assume il significato più ampio della *pacatio orbis* o della *restitutio pacis*, come sottolineato dalla mancanza di insegne militari e dall'abbigliamento civile dell'imperatore. Come è stato detto dal Brilliant, la statua è un'immagine trionfale che prescinde dalle circostanze della dedica per assumere un significato simbolico di pacificazione universale. Nella statua equestre di Domiziano eretta nel Foro repubblicano questo stesso gesto aveva suscitato l'affermazione di Statius (*Silv.*, I, 1) "*dextra vetat pugnas*".

Il braccio sinistro è leggermente scostato dal busto ed è piegato al gomito. La posa corrisponde ad una leggera trazione verso dietro e verso il basso. Nella mano sinistra a palmo semichiuso e con il dorso rivolto verso terra l'imperatore teneva con l'indice ed il medio le redini, oggi interamente perdute. L'atteggiamento piuttosto insolito della mano ha fatto supporre che essa oltre le redini reggesse un altro oggetto, variamente identificato con lo scettro, il cinturone con pugnale *(parazonium)*, il globo, la personificazione della Vittoria sul globo, il rotolo. Ma la ristrettezza di spazio nel palmo della

33

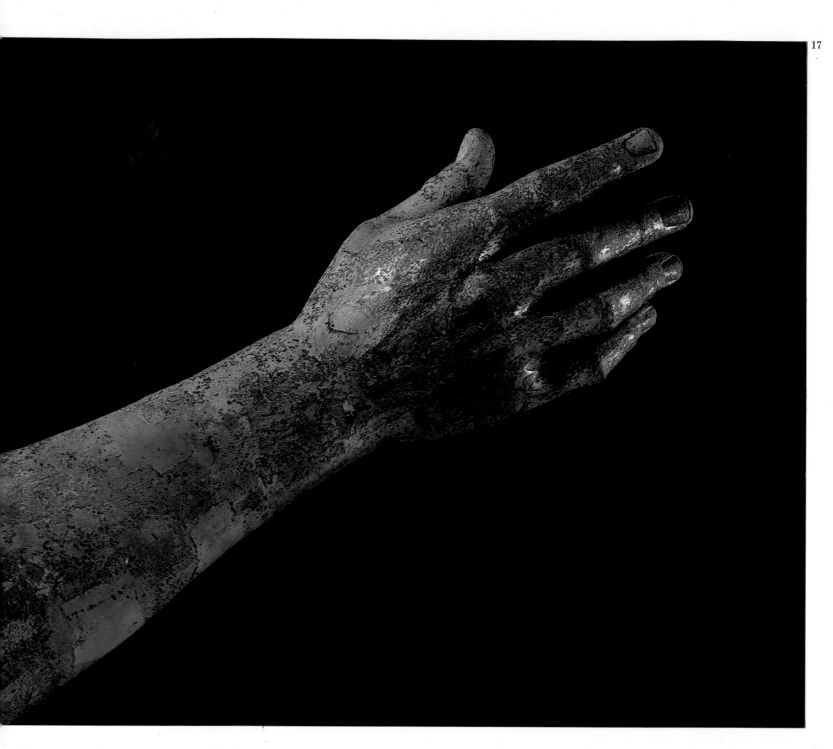

mano e la mancanza di qualsiasi punto di contatto sulla superficie del bronzo indicano che con ogni probabilità la mano era libera. Al dito anulare è infilato l'anello senatorio, il cui sigillo non è più riconoscibile.

L'imperatore veste una corta tunica a mezze maniche, stretta in vita dal *cingulum* annodato, ed un mantello con orlo purpureo *(paludamentum)*, affibbiato sulla spalla destra.

Il mantello ricade sul petto e sulla schiena con ampie pieghe, che si raccolgono sul dorso del cavallo e ricadono sui due lati. Il lembo sinistro è rivoltato

sulla spalla sinistra in modo da lasciare scoperto il braccio. Ai piedi non porta stivali militareschi, ma i *calcei patricii* o *senatorii*, ossia i calzari di fine pelle che fasciano il piede e sono legati anteriormente e lateralmente con doppie strisce di cuoio annodate alle caviglie.

L'abbigliamento dell'imperatore corrisponde alla forma più comoda dell'uniforme civile, non appesantita dalla corazza *(lorica)*, di solito indossata da Marco Aurelio solo nelle cerimonie di parata.

L'abito sottolinea il rango del personaggio ed indica l'aspetto pacifico dell'iconografia prescelta.

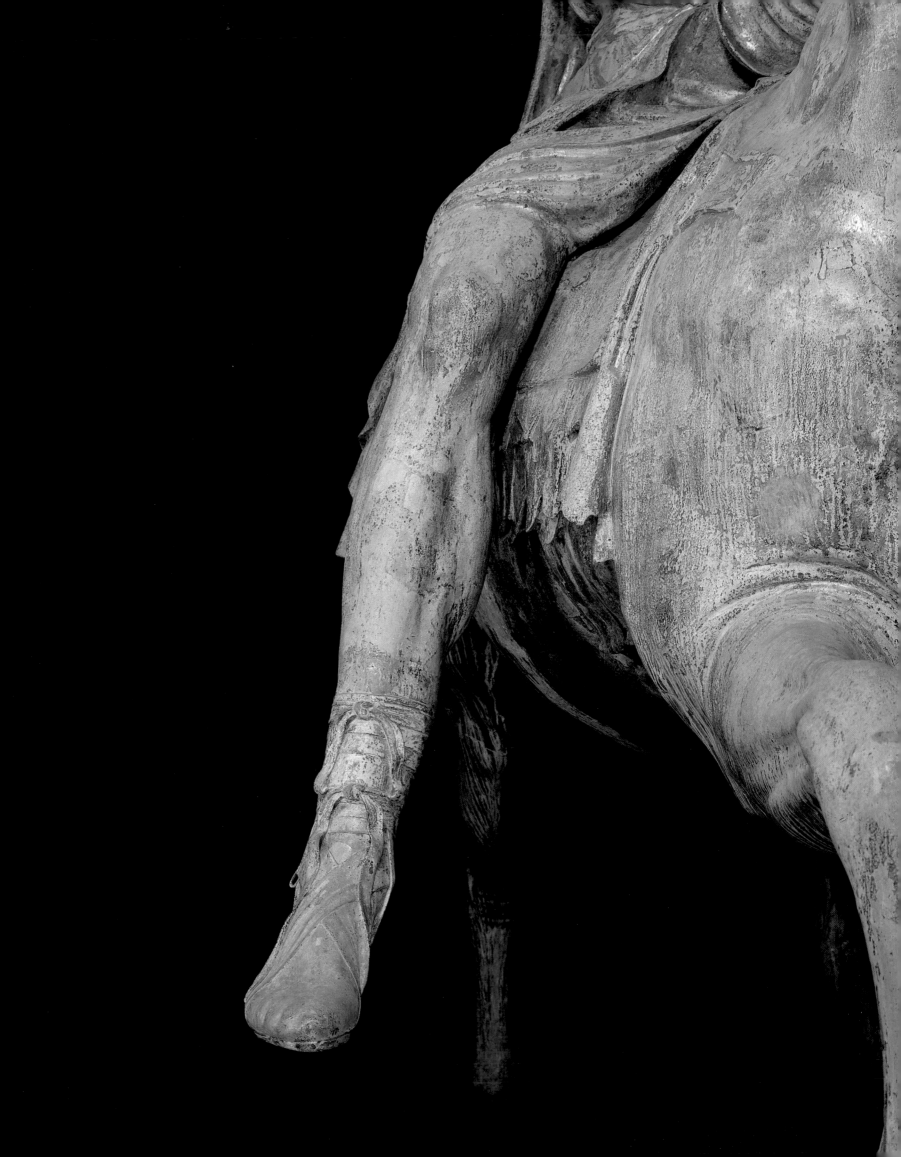

21. Gamba destra del cavaliere: in evidenza. Il punto di contatto con il cavallo.

22. Calzare destro del cavaliere.

23. Lato interno del piede e della zampa sinistri.

24. Gamba sinistra del cavaliere.

25. Orlo del mantello sulla groppa del cavallo e gualdrappa a più strati.

26. Orlo della tunica del cavaliere e gualdrappa a più strati.

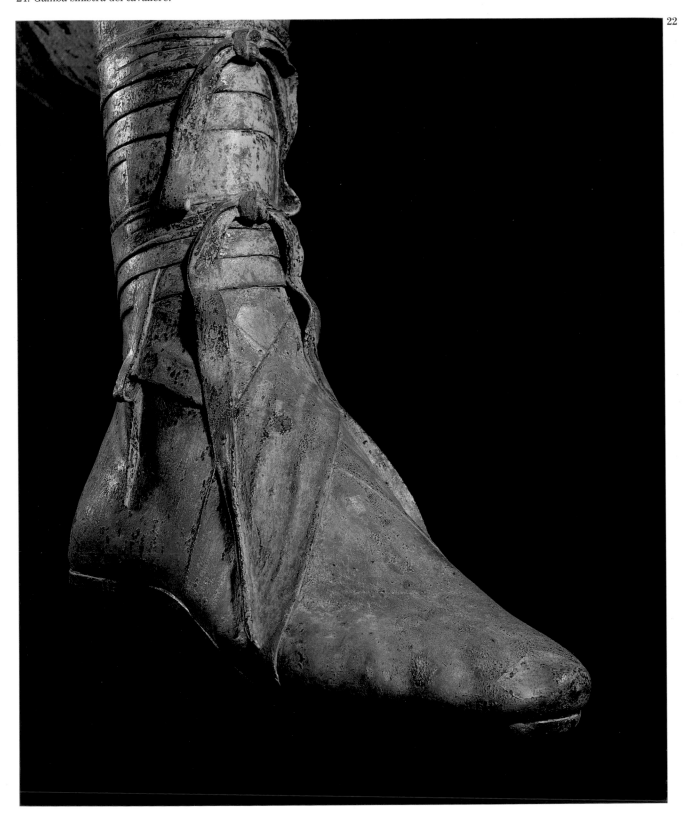

22

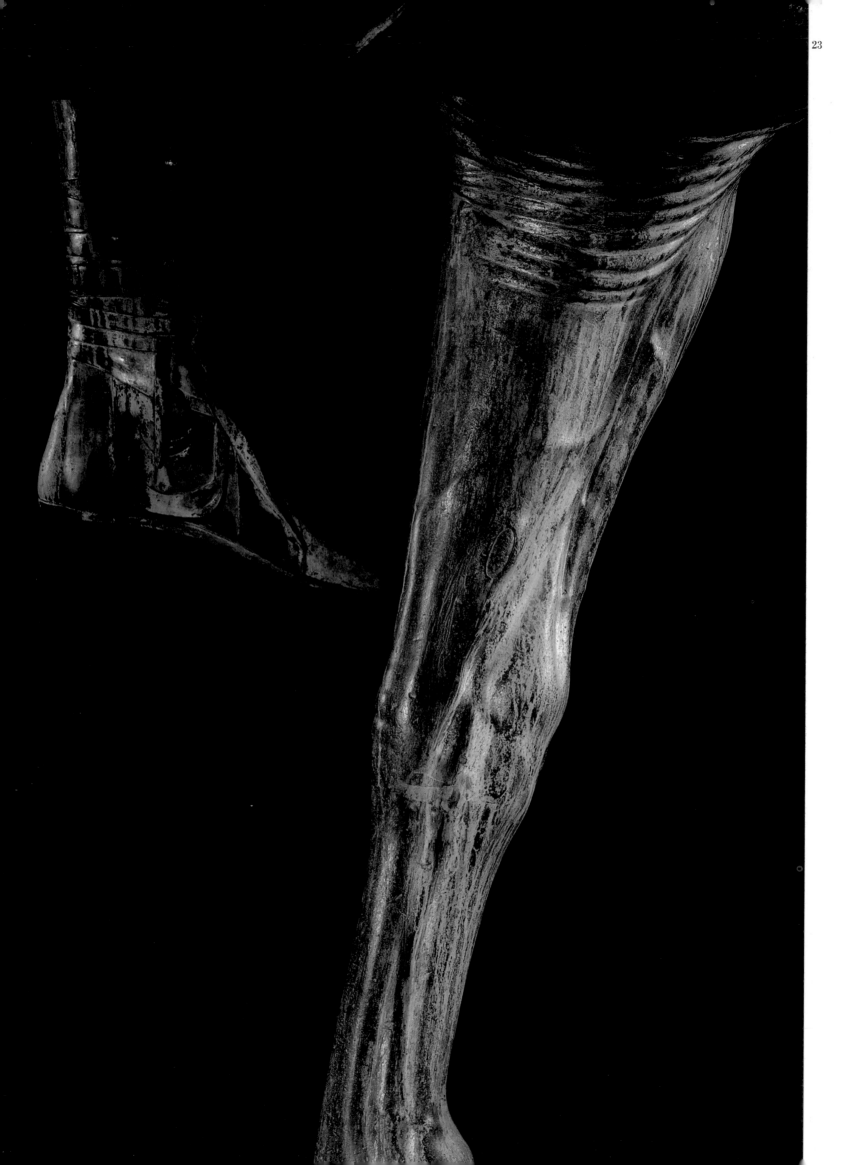

Il ritratto di Marco Aurelio

Il motivo dei capelli sulla fronte, le caratteristiche della barba e la fisionomia generale del volto indicano che il ritratto deriva fondamentalmente da un modello ampiamente riprodotto, definito di III tipo. Alcune delle oltre cinquanta repliche finora note sono di notevole qualità e fedeltà al prototipo originale. La testa della statua equestre, invece, presenta alcune incongruenze: l'andamento dei due riccioli sulla sinistra del motivo centrale della fronte non rispecchia esattamente il modello; rispetto al profilo il ritratto bronzeo non ha elementi in comune con il prototipo, eccetto che nella conformazione delle ciocche di capelli sulle orecchie; del tutto diversa, infine, appare la disposizione dei ricci sul lato posteriore della testa.

Prima del recente restauro si era ritenuto che queste variazioni derivassero da un'altra versione del ritratto dell'imperatore. Sembrava, infatti, di poter riconoscere nel lato posteriore gli elementi essenziali del ritratto di Marco Aurelio comunemente definito di IV tipo. Di conseguenza si era ritenuto che la testa della statua bronzea riflettesse una contaminazione intenzionale di due modelli ritrattistici dell'imperatore. Questa constatazione, senza intaccare il valore artistico dell'opera, comportava conseguenze di grande rilievo per la datazione della statua, poiché presupponeva che la creazione del monumento equestre non fosse anteriore all'invenzione del ritratto di Marco Aurelio detto di IV tipo. La pulizia della testa effettuata in occasione del restauro e le osservazioni che ne sono scaturite hanno consentito, invece, di attribuire le variazioni del ritratto bronzeo rispetto al modello di III tipo alla libera interpretazione dell'artista, che dovendo raddoppiare le dimensioni del prototipo, realizzato a grandezza naturale, è rimasto fedele ad esso solo nella parte anteriore della testa. Questa nuova lettura, dovuta come la precedente al Fittschen, consente di riconoscere nel ritratto bronzeo non una semplice imitazione, ma una variante autonoma ed unica del copista. Conseguentemente deve essere riconsiderata su basi nuove la possibilità di utilizzare le caratteristiche del ritratto per determinare una datazione circoscritta della statua equestre.

La possibilità di datare con precisione le diverse redazioni del ritratto di un imperatore è affidata essenzialmente alla loro corrispondenza con le effigi monetali, le cui leggende, con l'aiuto delle fonti letterarie, consentono nella maggior parte dei casi una datazione precisa o circoscritta a pochi anni ed una connessione con gli avvenimenti principali della carriera imperiale.

27. Conformazione dei riccioli sulla nuca; il diverso volume dei capelli sui lati della testa.

28. Veduta frontale: rigonfiamento della metà sinistra del volto.

29. Testa dell'imperatore di tre quarti alla sinistra. In evidenza i colpi di arma da fuoco sul collo, sul mento e sul naso.

30-31. Testa dell'imperatore di tre quarti alla destra e di profilo: in evidenza la diversa conservazione della doratura sul volto rispetto ai capelli ed alla barba.

32. Profilo destro: accentuata linearità del volto.

Tutti i ritratti conservati di Marco Aurelio, che ammontano a circa centodieci, corrispondono a quattro tipi fondamentali. Di questi i primi due sono stati certamente creati prima della successione, durante il regno di Antonino Pio. Il III tipo risulta essere stato ideato nell'anno 161 d.C. in occasione dell'ascesa al trono o già l'anno prima, insieme al ritratto del fratello adottivo Lucio Vero, in occasione della designazione di entrambi per l'anno successivo al consolato. Datazione ed occasione per la creazione del IV tipo ritrattistico, di cui si conoscono circa quaranta repliche, non sono conosciute. Difficilmente il prototipo può essere stato commissionato prima della morte di Lucio Vero (169 d.C.), che coincide con l'inizio della sovranità di Marco Aurelio senza correggente, e certamente era già in uso in occasione del trionfo del 176 d.C., come documentano i ritratti dell'imperatore sui rilievi storici dei Musei Capitolini.

Quando pochi anni fa fu proposto di riconoscere nel ritratto bronzeo una contaminazione dei due ultimi tipi, fu possibile escludere una datazione della statua equestre in connessione con le vittorie dell'imperatore sui Britanni, sugli Armeni e sui Parti, avvenute negli anni compresi tra il 161 ed il 166 d.C., che fino a quel momento erano state considerate le occasioni più probabili per l'erezione del monumento. Si propose allora una datazione della statua nel 176 d.C., in connessione con il trionfo dell'imperatore in seguito alle vittorie sui Marcomanni e sui Sarmati.

La statua, in abito civile e senza *ornamenta triumphalia*, non può rappresentare la vera e propria cerimonia trionfale dell'imperatore, anche se l'occasione di una vittoria e degli onori che ne derivarono resta, comunque, l'avvenimento più plausibile per l'erezione di una statua onoraria di formato colossale, eccezionale persino per un imperatore.

Alla luce delle nuove considerazioni questa cronologia torna in discussione. Non si può provare che alcuni tratti della capigliatura siano caratteristici del ritratto di IV tipo. Perciò il 169 d.C., anno della sua probabile creazione, non può essere considerato come *terminus post quem*. Ma anche ammettendo una completa dipendenza del ritratto della statua equestre, a parte gli elementi di libera interpretazione, da un prototipo di III tipo, l'anno di creazione del IV tipo non può essere utilizzato neppure come *terminus ante quem*, poiché la diffusione di un nuovo tipo ritrattistico non determinava necessariamente l'abbandono di quello precedente. In conclusione si è costretti ad ammettere che sulla base degli elementi ritrattistici l'unico dato cronologico sicuro è che la statua equestre è stata eretta dopo il 160-161 d.C., anno della creazione del ritratto di Marco Aurelio di III tipo.

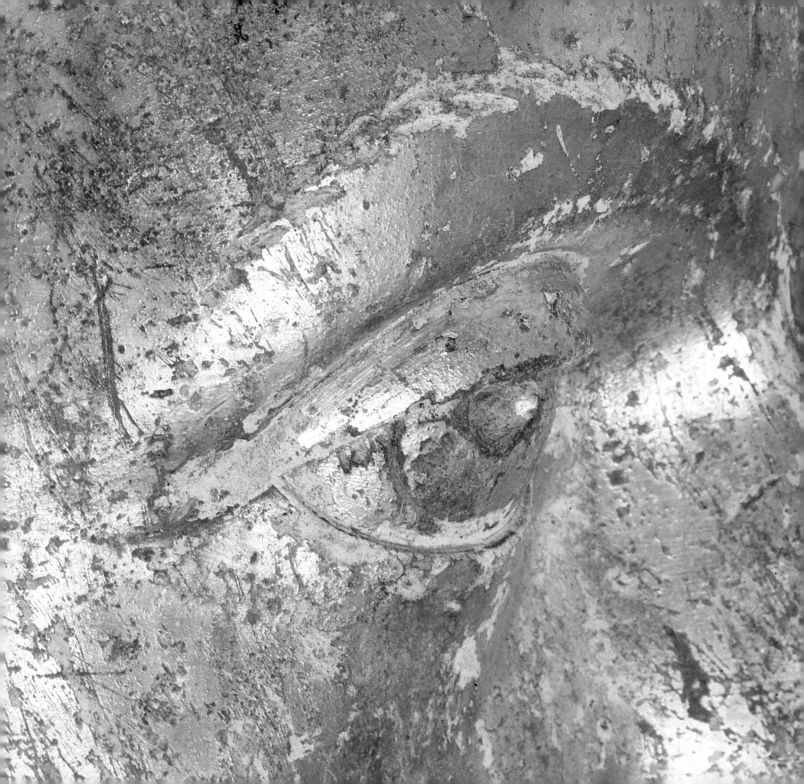

I ritratti di Marco Aurelio nei Musei Capitolini

Il I tipo di ritratto ufficiale di Marco Aurelio (35, 36) è conosciuto da 25 repliche sicure e 2 varianti provinciali. Gli elementi caratteristici, ripetuti anche nelle versioni successive del ritratto imperiale, sono, per quanto concerne la capigliatura, il motivo centrale sulla fronte e i capelli sporgenti sulle tempie e, per i tratti fisiognomici, il volto ovale, gli occhi leggermente sporgenti al di sotto delle sopracciglia fortemente incurvate, la bocca carnosa e ben modellata e il naso con una leggera gobba. Questi tratti compaiono sulle monete a partire dal 139, quando Marco Aurelio, quasi diciannovenne, ottiene il titolo di Cesare e viene designato al consolato per l'anno successivo. Dal momento che in alcuni di questi ritratti l'imperatore dà l'impressione di essere più giovane, si è supposto che il prototipo risalisse all'adozione di Marco Aurelio da parte di Antonino Pio, avvenuta il 25 febbraio 138.

La creazione del II tipo di ritratto è avvenuta intorno al 144, prima del matrimonio di Marco Aurelio con Faustina Minore, che, celebrato nel 145, non diede occasione per creare un nuovo tipo ritrattistico. A differenza del primo questo secondo tipo presenta una corta barba sul mento e sulle guance e le palpebre superiori più pesanti. A questo periodo (147-149) risale la creazione di un gruppo scultoreo raffigurante Marte e Venere, nei cui volti alcuni studiosi hanno riconosciuto Marco Aurelio e Faustina (37, 38).

Con la realizzazione del III tipo ritrattistico (39, 40) si accentua l'allungamento dell'ovale del volto, leggermente ristretto all'altezza delle tempie. La capigliatura, folta e ricciuta, forma insieme alla barba una incorniciatura del viso. La creazione di questo tipo si fa risalire o al 160, anno della designazione al consolato di Marco Aurelio insieme al fratello adottivo Lucio Vero, o al 161, anno di inizio del suo regno. Il IV tipo ritrattistico, l'ultimo dell'imperatore, (41, 42) è caratterizzato da una capigliatura a ciocche mosse ed allungate e da un'espressione del volto stanca ed assorta, accentuata dall'ispessimento delle palpebre. La datazione e l'occasione per la creazione di questo tipo, non determinabili con sicurezza, si collocano nel periodo compreso tra il 169, anno della morte di Lucio Vero ed il 176, anno della celebrazione del secondo trionfo di Marco Aurelio.

34. Museo Capitolino. La collocazione dei ritratti di Marco Aurelio nelle sale del primo piano.

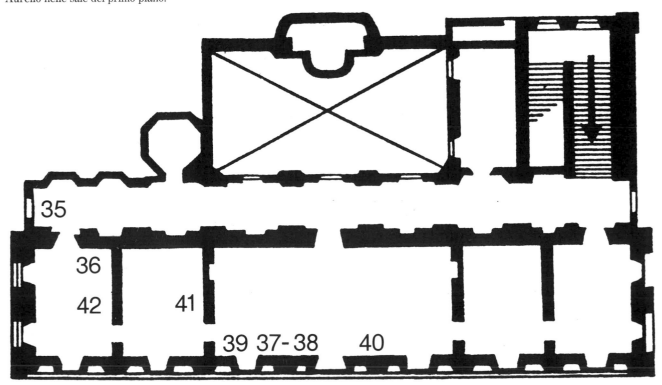

35

36

37

38

35. Museo Capitolino, Galleria n. 36 (inv. 279). Dalla Collezione Albani. Cfr. Fittschen, Zanker 1985, p. 67 s. N. 61, tavv. 69, 70, 72.

36. Museo Capitolino, Stanza degli Imperatori n. 29 (inv. 450). Dalla Collezione Albani, forse dalla cd. Villa di Antonino Pio a Lanuvio. Cfr. Fittschen, Zanker 1985, p. 68 N. 62, tavv. 69, 71, 73.

37-38. Museo Capitolino, Salone n. 34 (inv. 652). Rinvenuto nel 1750 ad Ostia sull'Isola Sacra. Cfr. Fittschen, Zanker 1985, p. 69 s. N. 64, tavv. 74, 75.

39. Museo Capitolino, Salone n. 73 (inv. 695). Probabilmente dalla Collezione Albani. Cfr. Fittschen, Zanker 1985, 71 N. 66, tav. 75.

40. Museo Capitolino, Salone n. 32 (inv. 650). Dalla Collezione Albani. Corpo con corazza non pertinente. Cfr. Fittschen, Zanker 1985, p. 70 s. N. 65, tav. 75.

41. Museo Capitolino, Stanza degli Imperatori n. 28 (inv. 448). Dalla Collezione Albani. Cfr. Fittschen, Zanker 1985, p. 76 s. N. 69, tavv. 79, 81, 82.

42. Museo Capitolino, Stanza dei Filosofi n. 79 (inv. 524). Forse identificabile con un ritratto ripescato nel Tevere nel 1718. Cfr. Fittschen Zanker 1985, p. 78 N. 70, tav. 82.

43. Statua loricata con ritratto di Marco Aurelio riprodotto alla fig. 40.

39

40

41

42

PIVS SEXTVS P·M·REST·

Il cavallo

Il cavallo, le cui forme piuttosto massicce sono riconducibili alla razza comunemente definita nordica o occidentale, è rappresentato al passo in un movimento composto, quasi trattenuto dalle briglie tese, oggi perdute, originariamente tirate dalla mano sinistra del cavaliere.

La zampa anteriore destra, piegata al ginocchio, è sollevata, quella sinistra è puntata a terra. Delle due zampe posteriori, quella sinistra è un po' più avanzata della destra. La posizione semiflessa dell'arto posteriore sinistro, che sopporta una minima parte del peso, provoca un sovraccarico sulla zampa destra, che conseguentemente appare compressa verso il basso.

L'andatura riproduce nell'insieme il movimento incrociato degli arti che si ha nel trotto raccorciato (*diatrochazein*) al momento dell'arresto, un incedere frequentemente riprodotto nelle statue equestri dagli artisti romani per la sua maestosità e il suo aspetto dinamico e solenne.

Una grande attenzione da parte dell'artista è stata data alla muscolatura del cavallo, di forme massicce e di grande effetto. Sono assai pronunciati i muscoli del quarto anteriore, in particolare il sottospinoso, il deltoide e l'anconeo presso l'attaccatura della zampa sollevata. Con estrema precisione è descritta sul torace la grande vena speronale sottocutanea con la sua biforcazione. Uguale attenzione realistica è posta nel riprodurre le altre arterie sui glutei e sul muso e i tendini delle zampe.

Ben rilevate sono anche le pieghe della pelle sul collo, all'attacco della zampa anteriore ed intorno alla bocca.

La testa del cavallo, leggermente voltata verso la sua destra, è piegata verso il basso ed ha la bocca semiaperta con i denti e la lingua visibili. Le labbra sono stirate dalla barra del morso, in conformità con l'azione di arresto provocata dal cavaliere attraverso le redini. La testa ha una bardatura di parata, costituita da *phalerae* di metallo, riunite da doppie stringhe di cuoio. Perduto è l'elemento decorativo che, fuso separatamente, doveva essere applicato con il piombo, di cui restano ampie tracce al centro dei dischi metallici di supporto. Perduto è pure il tratto delle stringhe che univa il disco superiore con l'elemento centrale nella parte anteriore della testa del cavallo. La bardatura era completata da un *balteus* metallico non conservato, i cui motivi decorativi dovevano richiamare, secondo un'ideologia propagandistica diffusa, le divinità principali a cui l'imperatore era legato.

Oltre alla funzione ornamentale il *balteus*, girando intorno al collo del cavallo, aveva anche un'utilità

44. Finimenti e criniera del cavallo.

45. Treno anteriore del cavallo: posizione asimmetrica degli attacchi del balteus non conservato.

46. Finimenti sulla testa del cavallo.

47. Veduta frontale del muso del cavallo: asimmetrie di froge, occhi e orecchie.

48. Finimenti sulla testa del cavallo.

49. Occhio del cavallo.

49

pratica. Insieme ad una cinghia stretta da una fibbia che passa sotto il corpo dell'animale appena dietro le zampe anteriori, esso assicurava la stabilità della sella gettata sul dorso del cavallo al di sotto del cavaliere. Un'altra cinghia, legata nel punto di attacco della coda ed anch'essa perduta, fissava l'estremità posteriore della sella, per impedire che essa scivolasse in avanti.

Non si tratta, come è noto, di una vera e propria sella con bordi rigidi, ma di una gualdrappa a più strati, di cui i tre inferiori sembrano essere piuttosto di cuoio (*scordiscus*) che di stoffa e quello superiore è costituito da un panno leggero rettangolare di feltro su cui siede il cavaliere.

Mentre l'orlo di quest'ultimo è dritto, quello dei tre inferiori si presenta a frange tagliate le une a forma di virgole rivoltate, le altre a forma di rettangoli con un lato a scaletta e le ultime a forma di triangoli.

Questi motivi ornamentali derivano da una tradizione persiana e sono stati interpretati come un'allusione simbolica alle vittorie dell'imperatore contro i Parthi. Come di consueto, mancano le staffe e gli zoccoli non risultano ferrati.

50. Nervature e criniera sulla testa del cavallo.

51-52. Morso e bocca del cavallo, particolare del foro nella frogia del cavallo.

53. Criniera del cavallo, priva della parte inferiore aggiunta da Thorvaldsen nei restauri del 1834-36, temporaneamente rimossa durante il recente restauro.

54. Muso del cavallo con le nervature e le pieghe intorno alle labbra e sul collo.

50

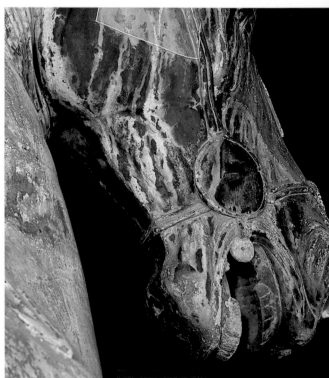

53

54

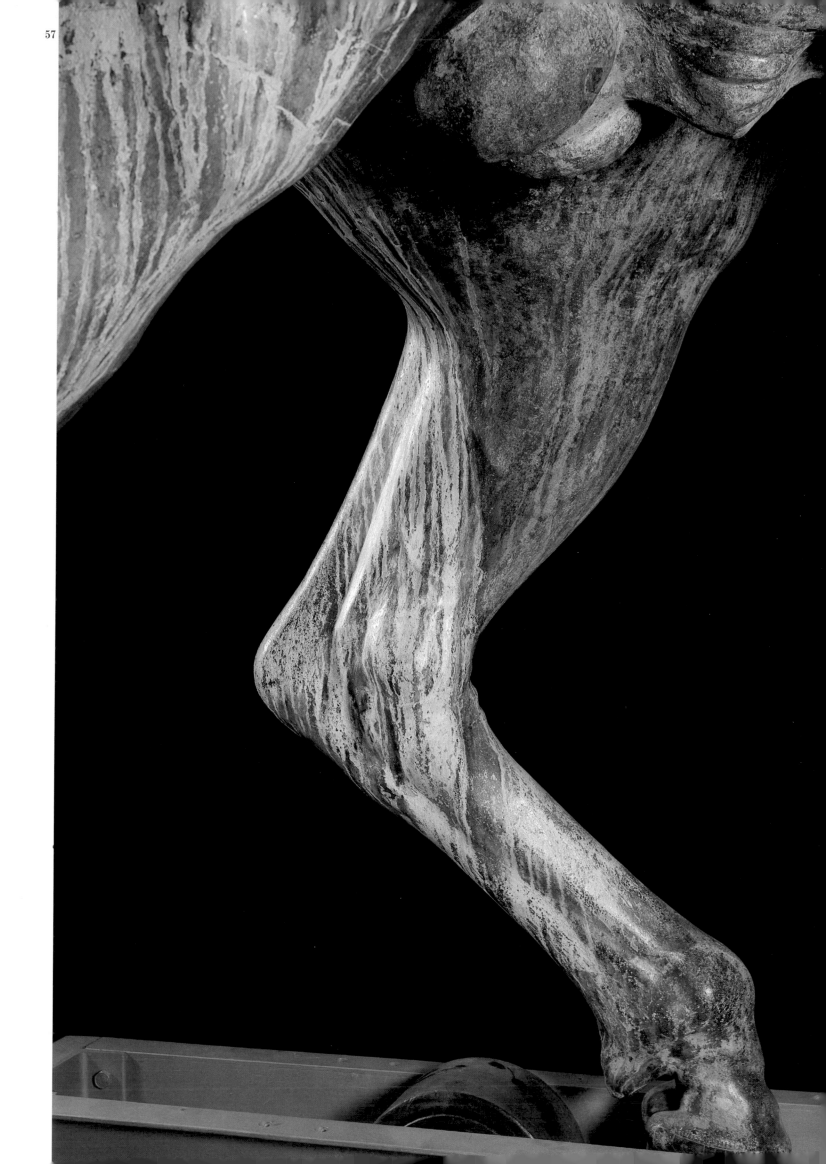

55. La posa del cavallo.

56. Treno posteriore del cavallo con l'evidente risarcimento sul gluteo destro.

57. Zampa posteriore sinistra.

58. Toppa sullo zoccolo della zampa anteriore sinistra.

59. Muscolatura della zampa anteriore sinistra.

60. Zampe anteriori del cavallo.

61. Tracce di doratura sulla gualdrappa sotto il lembo del mantello.

58

59

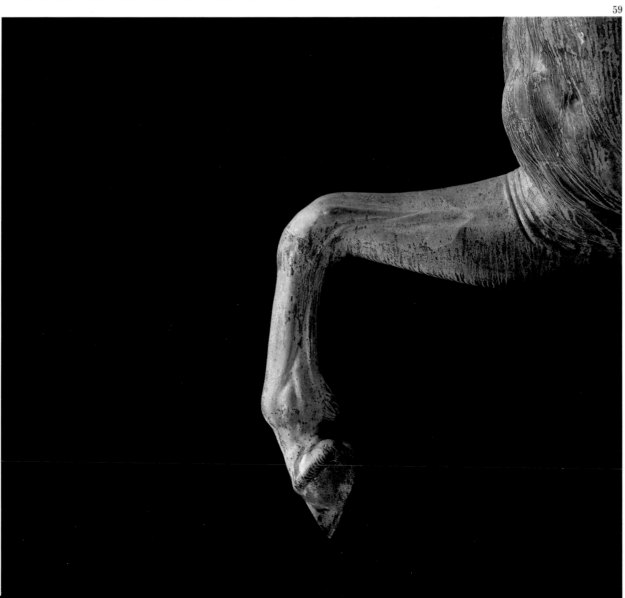

60

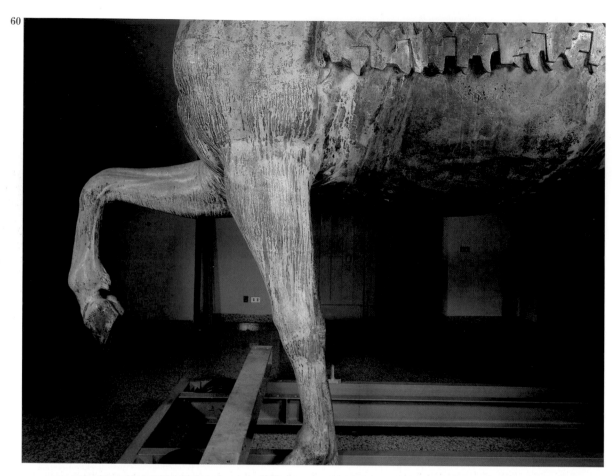

61

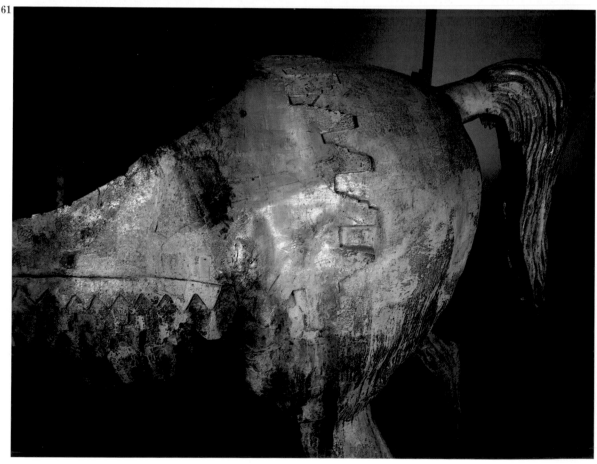

Le tecniche di fabbricazione del monumento

Sulle superfici interne e nello spessore della parete metallica delle statue bronzee è possibile riconoscere una serie di segni, che indicano i procedimenti tecnologici usati per la loro fabbricazione.

Nella statua equestre di Marco Aurelio il metodo di fusione adoperato risulta quello definito 'a cera persa indiretta'. Esso consiste nella scomposizione della scultura in porzioni che vengono fuse separatamente ed assemblate mediante saldatura. Rispetto ad altri sistemi offre come vantaggio la semplificazione del procedimento di colata e rispetto ai getti monolitici richiede l'impiego di una minore quantità di metallo.

Questa metodologia è nota a partire dal V secolo a.C. e si realizza attraverso i seguenti passaggi di lavorazione: una volta plasmato il prototipo, si ricavano impronte negative di singole parti di esso. Queste vengono ricoperte con cera applicata a pennello, con cera sotto forma di lastre morbide pressate sulla superficie negativa delle impronte o con cera liquefatta, che si solidifica a partire dalla superficie di contatto con l'impronta, consentendo di dosare lo spessore dello strato di cera mediante lo svuotamento di quella in eccesso ancora liquida ('a sciacquo'). Sul lato interno delle porzioni aperte ricoperte di cera (per esempio il tronco del cavaliere ed il torace del cavallo) o all'interno delle porzioni a tutto tondo (per esempio teste ed arti) viene applicata un'anima costituita da terra di fusione termorestistente, idonea ad entrare in contatto con il metallo fuso e sufficientemente porosa per consentire l'assorbimento e l'espulsione dei gas ceduti dal metallo fuso in fase di raffreddamento. Dopo l'essiccazione dell'anima si applicano i chiodi distanziatori, che collegano l'impronta esterna al materiale refrattario interno, e i canali di alimentazione e di 'sfiato'. Una volta eliminata la cera, si effettua la colata. Dopo la fase di raffreddamento, determinante per un buon risultato dell'opera, le parti fuse vengono liberate dalla terra di fusione, dai chiodi distanziatori e dagli attacchi dei canali, e vengono assemblate. Effettuate le saldature, si procede alla rifinitura della superficie esterna del bronzo, eliminando mediante tagli con cesello e battitura con martello le rugosità e le caratteristiche escrescenze. Eventuali difetti di fusione affioranti in superficie, frequenti soprattutto nelle opere di grandi dimensioni (bolle di gas, cavità e lesioni da ritiro del metallo, imperfezioni dei giunti), vengono celati con tasselli di riparazione.

Ognuna di queste fasi risulta di grande importanza per la riuscita dell'opera. Nella scelta della materia per le impronte, la miscela deve essere selezionata in base alla capacità di indurimento, che deve essere molto rapida, ed alla consistenza struttura-le, perché deve sopportare la separazione dal prototipo e l'applicazione della cera senza deformarsi. Anche la divisione del prototipo in parti per la realizzazione delle impronte risulta determinante per la riuscita dell'opera.

Il cavaliere del monumento bronzeo del Marco Aurelio risulta diviso in 17 parti scelte sfruttando linee di confine intermedie o giunti poco percepibili. La testa, le braccia e le gambe fusi in un'unica soluzione si inseriscono nel torace panneggiato formato da nove elementi. Altre tre parti formano la porzione del mantello che poggia sulla groppa del cavallo. Il peso complessivo del cavaliere, pari a 620 kg, risulta distribuito in porzioni il cui peso singolo oscilla tra i 30 e gli 80 kg.

Il cavallo risulta diviso in 16 parti, le cui linee di giunzioni seguono una logica differente rispetto al cavaliere. La loro ricostruzione risulta particolarmente complessa a causa degli estesi risarcimenti che il monumento ha subito in seguito. Le zampe e la coda sono fusi separatamente, il torso, mancante fin dall'origine della porzione coperta dal cavaliere, è formato da otto porzioni e la testa comprensiva del collo da tre.

La stesura della cera nelle diverse impronte è estremamente importante, poiché il suo spessore equivale a quello del metallo. Nel monumento equestre di Marco Aurelio gli spessori variano da tre a otto millimetri con valori medi intorno a sei millimetri. La stesura della cera è avvenuta con metodi differenti a seconda delle caratteristiche plastiche delle parti: a lastre per le sezioni panneggiate del cavaliere, in cui il dosaggio degli spessori è connesso con la complessa articolazione del modellato; 'a sciacquo' per le zampe e la coda del cavallo e per le parti nude (testa, braccia e gambe) del cavaliere, in cui lo spessore è uniforme e la superficie interna è estremamente piana.

Nella statua equestre non sono state rilevate tracce di terra di fusione, ma l'omogeneità nella diffusione di bolle di gas di piccole dimensioni indica che la sua porosità era insufficiente.

La colata di metallo risulta costituita da una lega ternaria di rame, stagno e piombo con contenuto di stagno oscillante tra il 4,4 ed il 9,7% e percentuale di piombo variabile tra 8,4 e 16,2%. Queste variazioni sono consuete nelle fusioni a parti separate.

Le saldature si presentano di due tipi: nel torace del cavallo e in alcune porzioni del cavaliere le giunzioni sono ottenute gettando metallo liquefatto nell'interspazio tra i lembi delle parti accostate, con la creazione di un cordone interno che rafforza la consistenza strutturale del giunto; nelle giunzioni tra corpo, teste ed arti si è preferito per lo più il sistema dell'inserimento con metallo di saldatura raccolto nella zona di innesto delle parti, con la creazione di un vincolo meccanico.

Nella fase di rifinitura le cavità dei chiodi distanziatori, estratti dopo il getto, sono state celate con piccoli tasselli di riparazione in lamina di lega di rame, adoperati pure per fori da difetti. Tasselli più grandi di forma poligonale sono stati usati per

risarcire lacune di grandi dimensioni e giunti incompleti, per esempio lungo la linea di saldatura mediana del ventre del cavallo.

Il monumento equestre conserva ampie tracce della doratura, che veniva applicata sul bronzo per battitura, secondo una tecnica documentata in Egitto fin dal IV millennio a.C., o per riscalda-

62

63

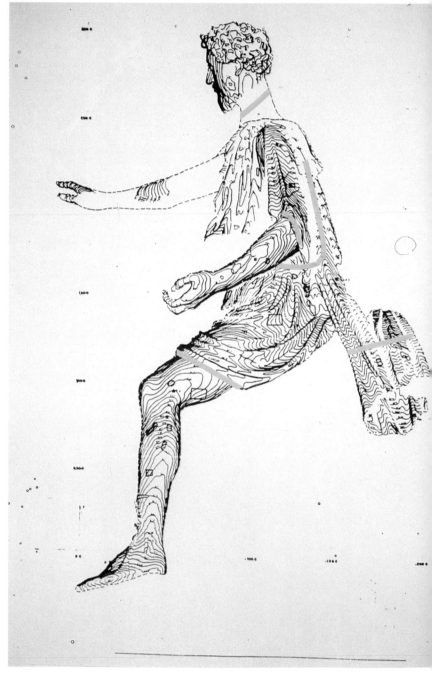

mento attraverso l'uso del mercurio, come ci documentano Plinio e Vitruvio.

Nella statua di Marco Aurelio non sono state rilevate tracce di mercurio, anche se non si può escludere che ciò sia dovuto a carenze tecniche delle apparecchiature adoperate nella rilevazione.

La tecnica del mercurio richiede superfici estrema-

mente levigate e risulta maggiormente diffusa in epoca tardo antica.

Per la battitura, invece, è necessario trattare preventivamente la superficie bronzea con spazzole di ferro. Esse producono piccole incisioni, che facilitano l'adesione dell'oro.

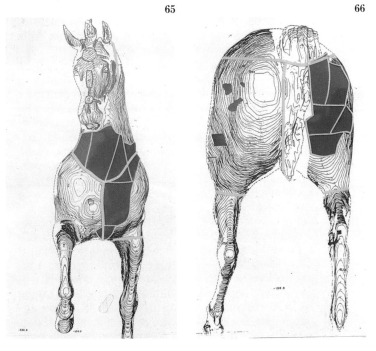

65   66

67

equestre. Questo punto di vista privilegiato coincide con il punto verso il quale Marco Aurelio rivolge il suo sguardo e verso il quale risulta spostata la testa rispetto al busto.

A conclusione di queste osservazioni si può dunque affermare che l'artista fuse la statua equestre tenendo conto che lo spettatore non doveva avvicinarsi al monumento frontalmente, ma lungo una linea ideale leggermente spostata alla sua destra, in modo da guardare il monumento dal punto in cui il volto dell'imperatore appare otticamente inquadrato dalla mano destra distesa e dalla testa leggermente girata del cavallo. Con questo punto di vista si accorda pure la posizione del braccio destro, che non è disteso davanti alla figura, come di consueto, ma è notevolmente spostato verso l'esterno, in modo da non ostruire la visione del volto di Marco Aurelio.

Anche l'inclinazione in avanti e leggermente verso destra del tronco e del collo del cavaliere e la sporgenza progressiva dal basso verso l'alto del piano facciale si spiegano come accorgimenti ottici in funzione di un punto di vista prestabilito. La sporgenza del piano facciale serve ad evitare che il volto appaia sfuggente all'indietro, come accadrebbe se i capelli e la fronte non risultassero più prominenti del mento. L'inclinazione in avanti, invece, corregge, come accade per le colonne di un tempio, l'effetto ottico che si produce guardando dal basso la sommità di elementi verticali.

Basandoci su questi ultimi accorgimenti è possibile arguire quale fosse l'altezza originaria del basamento, probabilmente di poco inferiore rispetto a quello michelangiolesco. Se osserviamo, infatti, la statua da un'altezza pari a quella della spalla umana, gli effetti ottici per i quali si sono rese necessarie le correzioni rilevate risulteranno annullati.

Pur non potendosi escludere la possibilità che il punto di vista non frontale fosse imposto dalla posizione della statua lungo una strada che corresse alla sua destra, le conclusioni a cui siamo giunti comportano come conseguenza più ovvia che la statua di Marco Aurelio non fosse isolata, ma avesse al suo fianco in posizione simmetrica una seconda statua bronzea. In tal modo l'osservatore si trovava di fronte ad un gruppo di due statue, poste l'una alla sua destra (Marco Aurelio) e l'altra alla sua sinistra. Quella alla destra rivolgeva lo sguardo verso la sua destra, quella alla sinistra, che doveva presentare le asimmetrie rilevate nella statua equestre dell'imperatore specularmente invertite, rivolgeva lo sguardo verso la sua sinistra.

L'esistenza di due statue parallelamente impostate spiega l'andamento non rettilineo dell'asse longitudinale del cavallo di Marco Aurelio. Per evitare, infatti, l'effetto ottico per cui due linee parallele appaiono divergenti man mano che si allontanano dall'osservatore, la parte posteriore del cavallo risulta spostata verso il centro del gruppo, ed altrettanto doveva accadere all'altra statua equestre ad essa simmetrica.

Le osservazioni sulle asimmetrie della statua di Marco Aurelio, consentendo di ricostruire l'esistenza di un gruppo di due statue equestri, di cui una non conservata, modificano la stessa concezione del monumento.

Il secondo cavaliere accanto a Marco Aurelio può essere identificato solo con Lucio Vero o con Commodo. Nessun altro che non appartenesse alla famiglia imperiale poteva ricevere l'onore di essere effigiato accanto all'imperatore in posizione paritaria. Altrove sono state discusse le ragioni storiche che portano ad escludere la presenza di Lucio Vero accanto all'imperatore. Quanto all'erezione di un gruppo equestre con Marco Aurelio e Commodo, si è ritenuto di poter considerare occasioni plausibili per la dedica del monumento onorario tutti gli avvenimenti compresi tra la seconda metà del 175 ed il 177 d.C., ossia l'assunzione della toga virile e l'acquisizione dei titoli bellici da parte di Commodo, connessa con la designazione al primo consolato; il trionfo dei due imperatori per le vittorie sui Germani, connesso con il titolo di *imperator* e la *tribunicia potestas* attribuiti a Commodo e, forse, con il suo trionfo personale; la nomina di quest'ultimo ad Augusto e *pater patriae*, connessa con il suo consolato effettivo e con una nuova acclamazione imperatoria dei due sovrani.

Un'altra possibilità, preferita dall'autore, è che il duplice gruppo equestre sia stato eretto da Commodo dopo la morte di Marco Aurelio. Vedremo in seguito le ragioni e il significato di questa seconda proposta. Intanto si può osservare che una datazione postuma della statua dell'imperatore spiegherebbe la necessità di creare un ritratto nuovo, ma non originale, costruito, a causa delle dimensioni colossali della statua, non attraverso una *calcatio*, ma mediante l'ingrandimento di singole parti del volto e della capigliatura, tratte da un modello di III tipo per la parte anteriore ed inventate liberamente per le parti restanti. In tal modo si spiegherebbe anche l'allungamento della testa di Marco Aurelio, che il Fittschen attribuisce all'influenza del ritratto di Commodo. Il distacco e l'imperturbabilità rilevate nell'espressione del volto dell'imperatore, ritratto in un atteggiamento quasi assente ed intellettualizzato, priva di segni dell'età, assume, del resto, un significato più esplicito, se si accetta che l'immagine fu concepita solo dopo la morte e la divinizzazione di Marco Aurelio.

70

71

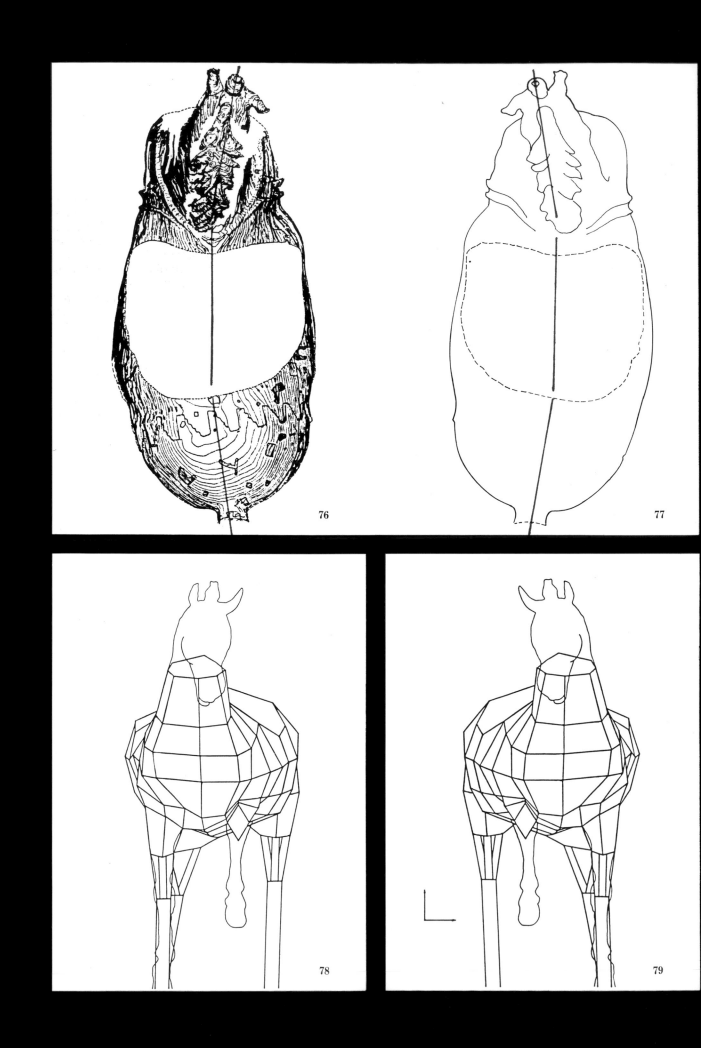

76

77

78

79

Occasione e datazione del gruppo equestre

Sulle monete e sulle medaglie di Marco Aurelio compare una statua equestre negli anni 162, 172-174 e 177 d.C. Poiché la raffigurazione sui conii monetali evidentemente allude, come di consueto, all'erezione di statue equestri in onore dell'imperatore decisa o già realizzata, è lecito un collegamento tra essi e la statua capitolina. Le notizie in nostro possesso non ricordano esplicitamente occasioni storiche tali da far ipotizzare la concessione di un tale onore nel 162. La maggior parte degli studiosi, per altro, sostiene che la statua equestre effigiata in quel medaglione sia da riferire ad un monumento, non documentato dalle fonti, dedicato *post mortem* ad Antonino Pio o alla ripresa di una statua celebrativa del titolo di *princeps iuventutis*, appena abbandonato da Marco Aurelio con l'assunzione al trono. L'immagine equestre raffigurata sul medaglione del 177 viene unanimamente considerata in relazione con il trionfo celebrato l'anno prima dall'imperatore e da Commodo in seguito alle vittorie germaniche e viene solitamente indicata come un richiamo all'erezione della statua bronzea di Marco Aurelio. Le monete auree del 172-3 e del 173-4, infine, sono state messe in relazione con la statua capitolina da Torelli, che ipotizza per entrambe un riferimento alle celebrazioni votate dal Senato per le vittorie del 173 e subito sospese, insieme agli altri onori del trionfo (titolo *Germanicus* ed arco onorario), in seguito alla ripresa dei conflitti sul fronte germanico.

Il collegamento con una vittoria dell'imperatore è stato ribadito anche in base ad un altro elemento. Sebbene spesso contestata, la grossa toppa sulla punta dello zoccolo anteriore destro, riesaminata in occasione del recente restauro, sembra confermare la presenza di un barbaro accosciato, più volte ricordato dalle fonti medioevali ed in seguito andato perduto. Non è possibile escludere che si tratti di un'aggiunta medievale, avvenuta in uno dei frequenti tentativi di rifunzionalizzazione della statua. Del resto lo schema iconografico stante e l'atteggiamento del cavaliere male si accordano con la presenza del vinto. Ma accettando che questa figura fosse presente fin dall'inizio, in analogia con l'*Equus Domitiani* che aveva sotto lo zoccolo la personificazione del fiume Reno, essa si giustifica come un'allusione alla *virtus* dell'imperatore, grazie alla quale le vittorie sono state conseguite, e come richiamo esplicito al popolo su cui Marco Aurelio aveva trionfato. È anche possibile che l'atteggiamento del barbaro unito al gesto dell'imperatore richiamasse la *clementia* di Marco Aurelio, secondo uno schema che aveva una lunga tradizione nell'arte rappresentativa di età imperiale.

Oltre a questa datazione in connessione con le vittorie germaniche, di recente comunemente condivisa, ma sulla base di una lettura delle caratteristiche del ritratto non più accettabile, si è accennato sopra alla possibilità di una datazione postuma della statua, che trova conforto nella presenza di una seconda statua equestre attribuibile a Commodo accanto a quella di Marco Aurelio.

Il braccio dell'imperatore, sollevato e rivolto verso la sua destra, dove era raffigurato il figlio Commodo suo successore, esprimerebbe in tal modo la consegna simbolica di quegli ideali di condotta politica e militare, che avevano caratterizzato il regno di Marco Aurelio. L'imperatore era morto sul campo, lontano da Roma, e quindi il *decretum* senatorio relativo all'erezione del monumento equestre poteva anche assumere il significato simbolico di una vera e propria ratifica della consegna del potere nelle mani di Commodo, che a sua volta può aver sollecitato la dedica del gruppo equestre onorario per ottenere a Roma un riconoscimento tangibile della successione, avvenuta secondo la volontà paterna, ma all'età di appena diciannove anni.

L'occasione per l'innalzamento del gruppo equestre può essere stata il ritorno a Roma dell'imperatore, avvenuto prima del 22 ottobre del 180. Oltre ai festeggiamenti per il *reditus*, Commodo fu designato al consolato per la terza volta, ricevette una nuova acclamazione imperatoria, la quarta, e celebrò il trionfo, nel quale doveva in qualche modo apparire chiaro che gli onori spettavano anche al padre defunto.

È di questo periodo il sesterzio in cui sul dritto compare il busto laureato di Commodo e sul rovescio lo stesso imperatore in abito militare, con il braccio destro sollevato ed a cavallo, nella stessa posa della statua di Marco Aurelio. Il riferimento al suo ritorno a Roma ed alla celebrazione del trionfo è reso esplicito dalla leggenda: ADVENTVS AVG IMP IIII COS II PP. La possibilità di essere onorato insieme al padre in un monumento equestre di carattere pubblico toglieva ogni dubbio sul diritto di Commodo alla successione, acquisito per motivi dinastici e non secondo il principio dell'adozione dell'*optimus*, che aveva avuto il sopravvento nell'ultimo secolo. È possibile che l'erezione di un gruppo equestre postumo per gli imperatori del II secolo d.C., documentata certamente per Adriano e con molta probabilità anche per Antonino Pio, avesse proprio la funzione di ratificare la successione, attraverso il decreto emanato dal Senato.

Che la successione costituisse una preoccupazione per Marco Aurelio è dimostrato da molte sue decisioni degli ultimi anni di regno, tra cui non ultimo

Il problema della collocazione originaria

il matrimonio con Claudio Pompeiano imposto alla figlia Annia Lucilla, vedova di Lucio Vero, avvenuto quando non era neppure trascorso il tradizionale periodo di lutto. Queste stesse preoccupazioni, che troveranno un riscontro nell'attentato diretto contro Commodo negli ultimi mesi del 182 da un gruppo di parenti, indussero il figlio di Marco Aurelio ad abbandonare rapidamente il fronte orientale per rientrare a Roma, nonostante i consigli contrari dei collaboratori più stretti del padre. Non va per altro dimenticato che sulla scena politica di quegli anni erano già presenti tutti quei comandanti dell'esercito che si scontreranno dopo la sua morte per la successione all'impero.

La perdita della statua di Commodo andrebbe attribuita alla *damnatio memoriae* decretata dal Senato subito dopo la sua morte (31 dicembre 192), ma nulla esclude che essa sia andata perduta in tempi più recenti, forse dopo un riutilizzo in antico a seguito della sostituzione del ritratto.

80. Biblioteca Apostolica Vaticana: pianta della Piazza del Campidoglio secondo il progetto di Michelangelo (1567).

Sfugge alla nostra conoscenza la natura del luogo di collocazione del gruppo equestre. Si può solo escludere una posizione sull'attico di un arco, che risulterebbe troppo alta, ed ipotizzare come più probabile una collocazione su un basso basamento eretto in uno spazio libero all'aperto, in modo concettualmente simile alla statua equestre di Traiano posta al centro del suo Foro.

Sull'antico luogo di erezione del monumento equestre non vi sono notizie accertabili. La statua non proviene da uno scavo nel sottosuolo, si ritiene comunemente che essa fosse collocata fin dalle origini sul Celio nella regione del Laterano. Per nulla convincente per il carattere pubblico del monumento equestre è l'ipotesi che la statua si trovasse in un contesto domestico sacralizzato nell'ambito della villa del nonno di Marco Aurelio, Annio Vero, e della madre, Domitia Lucilla, nella quale il futuro imperatore fu allevato e trascorse la sua giovinezza, dopo la morte prematura del padre. Non vi sono sufficienti elementi neppure per ipotizzare che il nucleo di opera cementizia scoperto al centro del peristilio di una casa rinvenuta al di sotto dell'Ospedale San Giovanni, ed identificata con la dimora dell'imperatore, appartenesse, come le lastre di rivestimento marmoreo ad esso attribuite, al basamento di una statua equestre, e tanto meno di quella capitolina.

Qualche riserva per motivi cronologici presenta pure l'ipotesi che la statua si trovasse fin dall'inizio davanti alla caserma degli *equites singulares*. L'ipotesi è concettualmente valida se si considera lo stretto legame tra l'imperatore ed il corpo militare, creato da Domiziano o Traiano come scorta a cavallo che affiancava le coorti pretoriane. Ma non trova riscontro nei resti archeologici della caserma rinvenuti sotto le fondazioni della basilica lateranense, le cui strutture sono attribuibili alla ristrutturazione dell'età di Settimio Severo, con il nome di *castra nova*. Né è sufficiente per ipotizzare un trasferimento della statua nei *castra* al tempo di Settimio Severo il legame con Marco Aurelio da lui artificiosamente creato attraverso l'adozione postuma. Infatti, le motivazioni propagandistiche che lo indussero a tale atto avrebbero richiesto un trasferimento della statua nell'area del Foro, che a quel tempo era ancora il luogo privilegiato della propaganda imperiale, come testimoniano l'arco a tre fornici e la statua equestre di Settimio Severo. Un'altra ipotesi, formulata da Torelli, indica come luogo di collocazione originaria l'area centrale del Foro romano, considerato dagli autori antichi *locus celeberrimus*, sede di monumenti onorari della gloriosa tradizione repubblicana, a cui la statua di Marco Aurelio volutamente si ispira.

Il duplice gruppo equestre di Marco Aurelio e Commodo, eretto forse nel 180 d.C., poteva infine trovare posto in origine nell'area del Campo Marzio settentrionale ad Ovest della via Flaminia, dove — secondo l'ipotesi più probabile — furono dedicati postumi la Colonna Antonina, circondata da portici, ed il tempio consacrato al Divo Marco ed alla moglie Faustina. L'area, concepita sull'esempio dei Fori Imperiali, in particolare quello di Traiano, si trova nelle immediate vicinanze degli *ustrina* degli Antonini e sulla strada che conduceva al mausoleo di Adriano, dove Marco Aurelio fu sepolto. La presenza di un monumento equestre postumo lungo il percorso di traslazione delle ceneri troverebbe conferma in altri esempi documentati di *funus publicum*.

Lo spostamento dall'area del Campo Marzio settentrionale potrebbe essere stato effettuato in seguito ad uno dei numerosi incendi che devastarono Roma a partire dal III secolo d.C. Questa ipotesi troverebbe conferma se si accetta l'attribuzione — proposta da alcuni studiosi — di alcuni o di tutti i pannelli a rilievo di Marco Aurelio riutilizzati sull'attico dell'arco di Costantino, ad un arco onorario posto all'ingresso dell'area della Colonna Antonina sulla via Flaminia, che fu precocemente smantellato o abbattuto. Se, infatti, l'abrasione della figura di Commodo documentata su alcuni pannelli avvenne sul monumento originario, la loro riutilizzazione costantiniana presuppone necessariamente l'avvenuta distruzione dell'arco ad essi pertinente.

Una radicale e precoce trasformazione dell'area è documentata, del resto, dall'utilizzazione assai antica del basamento della Colonna come chiesa di S. Andrea, dipendente dal vicino monastero di S. Silvestro in Capite. Similmente il Pantheon, il più importante dei monumenti sacri della Roma imperiale, anch'esso collocato in Campo Marzio, fu ceduto dall'imperatore bizantino Foca al papa, che lo trasformò in Chiesa, fin dal 608.

Di recente Melucco Vaccaro ha ipotizzato che lo spostamento della statua nell'area del Laterano risalga al tempo di Costantino, ritenendo che l'opera bronzea facesse parte dei doni elargiti al papa dal primo imperatore cristiano insieme ai possessi lateranensi, in occasione della edificazione della *Ecclesia Salvatoris*.

Gramaccini, invece, data l'evento intorno al 790, subito dopo lo spostamento della residenza dei pontefici dall'Episcopio presso S. Maria Antiqua al *Palatium Lateranensis*, avvenuto nella seconda metà dell'VIII secolo. La stessa cronologia è stata indicata da de Lachenal, che aggiunge la precisazione che fra il 780 e il 782, all'epoca del primo soggiorno di Carlo Magno a Roma, la statua equestre doveva essere già al suo posto. Torelli, infine, partendo dalla sua ipotesi di collocazione originaria della statua nel Foro Romano, ha proposto per lo spostamento al Laterano il periodo compreso tra il 768, anno in cui con l'elezione popolare di papa Stefano III l'area svolge ancora una funzione politica, ed il 772-795, epoca del papato di Adriano I, che promosse grandi lavori nella chiesa allocata nell'edificio della *curia senatus*.

IL MONUMENTO
NELLA STORIA

La statua equestre al Laterano

La più antica notizia sul gruppo equestre si trova nella tradizione letteraria altomedievale ed è costituita da un passo del "Liber Pontificalis Ecclesiae Romanae" databile intorno alla metà del X secolo. Essa si riferisce al supplizio del prefetto della città Pietro, che, riconosciuto quale maggior esponente della fazione romana insorta nel 965 contro il pontefice in carica Giovanni XIII, fu appeso per i capelli ad un monumento equestre, denominato 'caballus Constantini'. L'identificazione con la statua di Marco Aurelio è stata universalmente riconosciuta, mentre l'attribuzione all'imperatore cristiano spiega le ragioni della sopravvivenza del monumento nei secoli successivi alla caduta dell'impero romano. La base con l'iscrizione della statua equestre di Costantino eretta nel Foro Romano, ancora visibile nella seconda metà dell'VIII secolo, come testimoniato dall'Anonimo di Einsiedeln, deve aver favorito l'errata identificazione, che intendeva avvalorare la tradizione del *Constitutum Costantini*.

Riguardo alla sistemazione della statua nella piazza lateranense, l'episodio menzionato nel *Liber Pontificalis* indica evidentemente una collocazione piuttosto elevata. In base al confronto con il Giustiniano di Bisanzio e la statua equestre ravennate di Teodorico trasferita da Carlo Magno nella sua residenza ufficiale ad Aquisgrana, si può ipotizzare che essa fosse posta in alto su colonne e fosse in relazione con l'acqua.

Posta sulla platea antistante al lato settentrionale della basilica lateranense ed al Patriarchio, la statua aveva una funzione di ammonimento nei confronti del popolo e dei potenti avversari dello stato pontificio.

Il significato del monumento quale simbolo di giustizia è avvalorato dalle notizie di sentenze giudiziarie relative a personaggi legati all'esercizio del potere politico e civile nella città di Roma, eseguite nella platea del Laterano — al cospetto del gruppo equestre — perché diventassero memorabili.

L'identificazione del cavaliere con Costantino, che aveva assicurato la sopravvivenza al cimelio di origine pagana, servì a rafforzare l'autorità del papato ed il suo pieno potere politico e giuridico in ambito cittadino. Per tutta l'epoca di Ottone il Grande, il monumento equestre fu usato abilmente per conservare dignità e prestigio all'istituzione sovrana di Roma, nei confronti dei ribelli e dei suoi oppositori di turno. Nel 1061, infatti, l'*equus Constantini* costituì un capo d'accusa contro il pontefice Alessandro II, al quale veniva contestato dagli imperiali di preferire la sede lateranense a quella vaticana, che vantava la presenza di sepolture dei santi come legittimazione del primato.

La vittoria del pontefice in carica rafforzò il nesso ideologico tra gruppo equestre e papato. L'omaggio di un ampio mantello al monumento bronzeo, frequentemente documentato nell'XI secolo, valse ad indicare la dichiarata sottomissione del donatore all'autorità pontificia.

In questo periodo i sovrani tedeschi, inaspritisi i rapporti con il papato, denunciarono per la prima volta la falsità della donazione costantiniana, con cui la Chiesa aveva cercato di apparire come unica erede della grandezza dell'antica Roma. Parallelamente gli oppositori, laici e non, del papato cercano ispirazione da altre figure della tradizione storica imperiale, quali Teodosio e Giustiniano, restituendo al Costantino il suo ruolo originale di *monumentum* dell'eredità civile dell'antica Roma.

Da quando ai suoi piedi fu appositamente abbandonato il corpo sfigurato dell'antipapa Bonifacio VII (984), ucciso dai suoi avversari filoimperiali, il gruppo bronzeo divenne a sua volta il baluardo delle rivendicazioni di entrambi gli schieramenti. Questa oscillazione tra un'interpretazione in chiave laica ed una in chiave cristiana della statua equestre caratterizza gli eventi che vedono coinvolto il bronzo antico fino al suo trasferimento in Campidoglio.

Durante il pontificato di Clemente III (1187-1191), nell'ambito di una più ampia ristrutturazione dell'intera area lateranense, la sistemazione del gruppo equestre fu modificata. Il papa fece costruire un pozzo davanti alla statua, trasformandola verosimilmente in fontana monumentale.

A questo periodo risale la nuova interpretazione del monumento contenuta nei "Mirabilia urbis Romae" del XII secolo e, con minime varianti, nei "Graphia aureae urbis Romae" del XIII secolo. Si narra che, in occasione di un assedio di Roma da parte di un potente re dell'Oriente, un cavaliere robusto e valoroso promise di liberare la città in cambio di denaro e di un monumento equestre. Di notte sorprese il re e lo fece prigioniero, consentendo ai compagni di uscire dalla città e di sconfiggere il nemico. Secondo la promessa gli fu eretta una statua equestre di bronzo dorato, che aveva sotto le zampe del cavallo il re con le mani legate dietro la schiena. Si tratta di leggende eziologiche, volute probabilmente dalla Curia, che da un lato, negando l'identificazione con Costantino, sfumavano il ricordo dell'origine imperiale e laica del bronzo antico e dall'altra, attraverso l'appropriazione di tutti gli onori ed i fasti cerimoniali previsti per l'eroe come premio, proponevano un'assimilazione tra la figura del pontefice e quella del cavaliere salvatore della città.

Tra la fine del XII ed il XIII secolo si manifesta per la prima volta l'esigenza di riconoscere con precisione l'identità del cavaliere. Il dotto monaco inglese Magister Gregorius riferisce le diverse interpretazioni dei pellegrini (Teodorico) e del popolo (Costantino), e riporta dettagliatamente quella dell'eroe romano Marco (Curzio?) e quella di Quinto Quirino, diffuse dalla Curia. La prima delle due è di particolare interesse. I Romani, assediati da un re dei Miseni, nano di corpo ed in possesso di poteri magici, furono liberati da un soldato, che, ottenuta la promessa di una memoria perpetua, sconfisse il re mago calpestandolo sotto lo zoccolo del suo cavallo. Appare evidente che attraverso le gesta del cavaliere, connotate in senso morale, la Chiesa intendeva alludere al suo nuovo ruolo politico.

Attorno alla prima metà del '300 la fortuna del Marco Aurelio si affievolisce. Il trasferimento della sede pontificia ad Avignone (1305-1377), infatti, contribuì alla decadenza e al degrado di tutta la zona, monumenti compresi. Di questo periodo è la pianta di Roma elaborata da fra Paolino da Venezia con la prima riproduzione del monumento equestre nel suo contesto urbano, cui seguirono molte altre fino al '400 inoltrato. Negli stessi anni nasce la leggenda eziologica riportata nel capitolo XIV del "Libro delle Storie" di Fioravante (1315-1340), che connette i racconti fantastici dei *Mirabilia* con la figura di Costantino. L'imperatore assediato da Dinasor, figlio del re di Sassonia, viene sconfitto in combattimento e gettato giù da cavallo. I cristiani, voltisi in fuga, s'imbattono in un guardiano di vacche che, sentito il racconto dell'accaduto, imbraccia un grande bastone, monta sul cavallo di Costantino e fa prigioniero il re saraceno. Dopo averlo consegnato alla città, restituisce il cavallo all'imperatore, che di fronte al suo rifiuto di un compenso, fece innalzare una statua raffigurante il villano a cavallo col suo bastone.

Il 1 agosto 1347 Cola di Rienzo, secondo le rinnovate istanze di legittimazione di un'intera classe sociale, si fa investire come "candidato dello Spirito Santo, cavaliere Nicola, severo e benigno, liberatore della città, zelatore d'Italia, amatore del mondo, tribuno Augusto" in una cerimonia organizzata in Laterano, in cui il gruppo bronzeo ebbe una parte notevole. Egli tenta di mutuare dal Marco Aurelio l'*auctoritas* per la carica assunta, in nome della plebe cittadina. Durante la magnifica festa che seguì il gruppo equestre sontuosamente drappeggiato cominciò a versare dalle due frogie vino rosso ed acqua.

Al rientro da Avignone il pontefice Gregorio XI avvia le prime opere di restauro nella depressa area lateranense e nei primi anni del '400 papa Martino V Colonna avvia un'opera di ricostruzione della città di Roma attraverso il recupero dell'antico, con lo scopo di legittimare il nuovo potere del pontefice in contrapposizione a Cola. A questo periodo si può far risalire la perdita del barbaro posto sotto lo zoccolo del cavallo, forse asportato per evitare che l'immagine dell'imperatore che schiaccia il prigioniero fosse assimilata alla Chiesa che opprime il suo popolo. Con il XV secolo iniziano le prime riproduzioni fedeli e puntuali conosciute del Marco Aurelio.

Un foglio conservato nel Civico Gabinetto dei disegni del Castello Sforzesco a Milano, attribuito al Pisanello e databile intorno al 1430 negli anni della sua permanenza a Roma per i lavori alla basilica lateranense, documenta la presenza di alcune colonnine all'altezza del ventre del cavallo e sotto i piedi dell'imperatore. Gli stessi sono pure presenti in un disegno di Anonimo dell'Italia settentrionale conservato nella Biblioteca Ambrosiana a Milano, probabilmente copiato tra il 1450 ed il 1460 da un altro disegno originale. I sostegni, aggiunti per esigenze statiche, confermano l'avvenuta asportazione del barbaro sotto lo zoccolo del cavallo.

A questo periodo risale la prima replica a tutto tondo del gruppo. Si tratta della riproduzione bronzea in piccolo formato, opera di Antonio Averlino detto il Filarete. Conservata nella Skulpturensammlung dell'Albertinum di Dresda, essa era destinata a Pietro de' Medici, come si legge nell'iscrizione incisa sulla base datata al 1465. L'identificazione del bronzetto con Commodo documenta l'avvenuto inizio del processo di interpretazione delle sculture antiche, avviato dagli umanisti del tempo. Nella guida di Roma redatta da Francesco da Fiano, l'allievo di Petrarca morto prima del 1425, il cavaliere viene ancora denominato "Gran Villano". Villano o pastore lo chiama pure Giovanni Rucellai nel "Della belleza e anticaglia di Roma", riferibile alla sua visita a Roma durante il giubileo del 1450. Nel "De varietate Fortunae" del 1448 di Poggio Bracciolini esso viene identificato con Settimio Severo. Come un villano chiamato *Septimosephero* viene descritto nel "Beschreibung der Stadt Rom" di Nikolaus Muffel, che fu a Roma nel 1452 in occasione dell'incoronazione di Federico III ad opera di Nicolò V. Il primo ad aver riconosciuto Marco Aurelio nel cavaliere è stato il bibliotecario di Sisto IV, Bartolomeo Sacchi detto Platina, morto nel 1481, nella sua opera *Vitae Pontificum*.

Nel 1466 si registra l'intervento di restauro di papa Paolo II Barbo, mai finito o ripreso da papa Sisto IV della Rovere, che fece erigere, forse ad opera dello scultore Leonardo Guiducci, un nuovo

basamento marmoreo con relativa iscrizione, il cui testo è ricordato da Albertini: SYXTVS IIII PONT MAX EQVVM HVNC AENEVM VETV-STATE QUASSATVM COLLABENTEM CUM ASSESSORE RESTITVIT...

L'affresco di Filippino Lippi col Trionfo di S. Tommaso nella cappella Carafa in S. Maria sopra Minerva, databile tra il 1488 ed il 1493, riproduce in modo puntuale la statua di Marco Aurelio dopo i restauri sistini. Essa è posta su un alto zoccolo quadrangolare a blocchi marmorei di misure irregolari, che poggia su un basso plinto sporgente modanato ed è decorato in alto da un fregio classicheggiante con trofei o stemmi alle estremità e due figure volanti al centro, che sorreggono una ghirlanda o un clipeo. Tra lo zoccolo e la statua vi è un'ulteriore basetta con i lati brevi a piano inclinato, su cui poggiano le zampe del cavallo e i sostegni dei piedi del cavaliere. Il monumento risulta circondato da una serie di rocchi di colonna posti a breve distanza, che formano un'area di rispetto.

Un disegno del *Codex Escurialensis* eseguito nella bottega di Domenico Ghirlandaio sul finire del secolo riproduce il monumento nella stessa situazione. La veduta, di profilo, consente di apprezzare meglio la basetta trapezoidale su cui poggia la statua e documenta la presenza di una sottile spranga metallica che fermava la zampa anteriore destra del cavallo, non visibile sull'affresco.

La sistemazione del monumento da parte di Sisto IV assume il significato di una riappropriazione del manufatto contro le velleità autonomistiche della compagine cittadina e le tensioni culturali del tempo.

Altri disegni databili tra la fine del '400 e l'inizio del '500 (proprietà privata a Roma, disegno di J. Ripanda; Biblioteca Comunale di Siena, copia di un disegno di B. Peruzzi), così come la serie di incisioni di Nicoletto da Modena, Marcantonio Raimondi e Marco Dente, eseguite nei primi decenni del XVI secolo e derivanti da un medesimo disegno preparatorio, e i numerosi bronzetti in miniatura che riproducono il Marco Aurelio testimoniano la grande fortuna del monumento in epoca rinascimentale.

Di grande interesse è, infine, il disegno di Marteen van Heemskerck, eseguito attorno al 1535, che documenta un leggero interramento del basamento e la presenza di due leoni, uno acefalo, posti davanti al monumento su due rocchi di colonna. Da un disegno del taccuino cinquecentesco della Biblioteca di Fossombrone, che riproduce accanto al Marco Aurelio uno dei felini, è stato possibile riconoscere in essi i due leoni in basalto grigio di età tolemaica visibili ai piedi della cordonata di accesso al Campidoglio, dove furono collocati inizialmente nel 1582.

88. Francisco de Hollanda, Codex Escurialensis. Disegno.

89. Medaglia celebrativa coniata per l'arrivo del Marco Aurelio in Campidoglio.

In un disegno di Anonimo conservato al Cabinet des dessins del Louvre di Parigi il piedistallo, sebbene sia appena schizzato, corrisponde a quello attuale. La presenza nel disegno della nuova scalinata del Palazzo Senatorio, completata nel 1554, e la mancanza del parapetto della piazza verso il Palazzo dei Conservatori, la cui realizzazione dai documenti d'archivio risulta affidata a mastro Schiena in data 15 marzo 1554, consente di datare il rifacimento del basamento della statua equestre verosimilmente nello stesso 1554. Lo stesso disegno documenta l'avvio della sistemazione dell'ovato. Questo fu evidentemente realizzato dopo la costruzione di una grande fogna al centro della piazza e di due altre più piccole ai lati, che abbassarono ulteriormente l'area e resero necessario un rigonfiamento del terreno al centro, visibile ancor oggi ad occhio nudo, per rialzare lo zoccolo del basamento. Questi lavori, noti da un documento datato 26 aprile 1564, ma anch'essi riferibili ad un decennio prima, diedero probabilmente occasione allo smontaggio del monumento ed al rifacimento del piedistallo. Il primo basamento della statua rimase, dunque, immutato fino al 1554.

Contrario a questa ipotesi sarebbe un disegno di Francisco de Hollanda nel *Codex Escurialensis*, datato entro il 1540 in base alla presenza a Roma dell'artista, in cui il piedistallo non è più quello quadrangolare. Il disegno, insieme ad un'incisione di Beatrizet pubblicata nel 1548, è stato utilizzato per ipotizzare due interventi michelangioleschi sul basamento, il primo nel 1539 per realizzare il nuovo basamento ed il secondo negli anni '60 per aggiungere i membretti. Si deve però ammettere, in base al contrasto tra l'accuratezza del gruppo bronzeo e la genericità della rappresentazione del Palazzo dei Conservatori e alle differenze tra l'iscrizione disegnata e quella attuale, che il disegno di Francisco de Hollanda non sia ripreso dal vero, ma riproduca quello predisposto da Michelangelo su richiesta di Paolo III. Il basamento, infatti, presenta le stesse caratteristiche di allungamento e di imprecisione di quello raffigurato su una medaglia celebrativa, che ricordava l'arrivo del monumento di Marco Aurelio in Campidoglio.

Se per la realizzazione del basamento su cui fu posta la statua nel 1538 siano stati utilizzati dei marmi antichi provenienti dal Foro di Traiano, come sostiene il Vacca, o dal Tempio dei Castori, come sostiene il Ligorio, è un'ipotesi plausibile, ma non provabile.

Il restauro del basamento, che sarà effettuato prossimamente, potrà invece fornire indicazioni per accertare se l'attuale piedistallo derivi dalla rilavorazione di quello quadrangolare originario, raf-

90

figurato nella veduta della Sala delle Aquile, come
appare probabile in base alla corrispondenza precisa tra i fori non occupati da grappe, presenti sul
piano superiore lungo i lati interni dei blocchi perimetrali, riferibili ad una precedente sistemazione.
Il nuovo basamento ha una struttura certamente
non monolitica. Il piano superiore è costituito di
blocchi perimetrali in marmo di Carrara venato, di
pezzatura diversa e di cm 33,5 di spessore, e di
lastre e spezzoni interni di travertino. Esso risulta
meno lungo ed anche più stretto rispetto alla sago-
ma d'ingombro del sovrastante gruppo bronzeo,
che sporge rispetto alla superficie della base con la
zampa anteriore destra e con la coda del cavallo e
con i piedi del cavaliere.
L'esistenza di un precedente basamento di dimensioni più piccole, costituito — secondo l'ipotesi del
Künzle — dagli stessi elementi di quello attuale ad
esclusione dei quattro 'membretti' angolari, non
trova supporto nei documenti storici citati e si
scontra con la mancanza di segni sui blocchi del

91

92. Parigi, Louvre, Cabinet des Dessins. Disegno di Anonimo: Piazza del Campidoglio.

93. Braunschweig, Herzog Anton Ulrich Museum, Kupferstichkabinett. Disegno di Anonimo: Piazza del Campidoglio dal lato dell'Ara Coeli.

94. La statua equestre sulla piazza capitolina prima del 1940.

95-98. Il basamento michelangiolesco.

99. Palazzo dei Conservatori. Scalinata, II ripiano, decorazione a stucco di Luzio Luzi.

100. La piazza capitolina con la statua di Marco Aurelio.

101. Visione d'insieme della piazza capitolina.

102. La statua equestre sul basamento di Michelangelo.

92

93

quattro blocchi costitutivi di quello originario ed inserendo gli elementi angolari.

Che l'aggiunta dei 'membretti' sia avvenuta — potremmo dire — in corso d'opera, sembra deducibile dal fatto che in un'altra veduta della piazza capitolina, databile con sicurezza ad un momento successivo alla realizzazione definitiva del basamento, i quattro elementi angolari non sono indicati.

Si tratta di uno dei riquadri di una volta del secondo ripiano della scala del Palazzo dei Conservatori (quella in corrispondenza della statua di Carlo d'Angiò), decorata a stucchi da Luzio Luzi nel 1575.

La veduta documenta una situazione della piazza databile tra il 1563, anno di inizio dei lavori di ricostruzione della facciata del Palazzo dei Conservatori, ed il 1578, anno in cui viene demolita la vecchia torre del Palazzo Senatorio, colpita da un fulmine nel 1577.

L'estrema fedeltà nell'indicazione dei particolari, soprattutto per il Palazzo Senatorio, sulla cui facciata, vista di prospetto, sono tracciati con un solco sia la scalinata michelangiolesca che la statua fluviale della metà destra, porta ad escludere che l'artista abbia raffigurato la vedura riproducendo il basamento con trascuratezza. Si deve piuttosto ipotizzare che egli non ritrasse dal vero gli edifici della piazza, ma si servì di un modello, forse dello stesso disegno di Michelangelo, in cui il piedistallo aveva ancora la forma iniziale.

La *reformatione* prevista dalla magistratura capitolina con il decreto del 1539, differita per diversi anni, diede modo a Michelangelo di inserire la trasformazione del basamento in un più ampio progetto di sistemazione della piazza capitolina. Secondo la volontà di Paolo III, la statua di Marco Aurelio divenne il fulcro dell'intera composizione architettonica.

Le incisioni di Bartolomeo Faleti del 1567 e di Etienne du Pérac del 1568-69 conservano il complesso disegno della pavimentazione ideato da Michelangelo. Esso è costituito da un sistema di sottili liste lapidee disposte a spirale, che partono da dodici punte di una stella ad impianto ellittico e si svolgono in direzioni opposte, allargandosi gradualmente ed intersecandosi tra loro, prima di ricongiungersi due a due lungo il perimetro esterno del circuito ellittico.

Questo disegno è stato realizzato quasi fedelmente solo nel 1940 per iniziativa di Antonio Muñoz, sostituendo la precedente sistemazione, costituita da semplici guide radiali in travertino che, partendo dalla statua imperiale suddividevano l'ovato in otto settori.

piano superiore corrispondenti al posizionamento delle zampe del cavallo, giustificabile solo ammettendo delle sostituzioni. Non si può escludere che il disegno consegnato da Michelangelo a Paolo III prevedesse in un primo tempo un basamento senza 'membretti', costituito dal primo piedistallo rilavorato a forma di croce e completato con le iscrizioni e le testate. Ma quando esso fu realizzato, rilavorando i lati in modo da dare al basamento una forma ellittica, fu necessario ampliare la superficie d'appoggio del piano superiore, disaggregando i

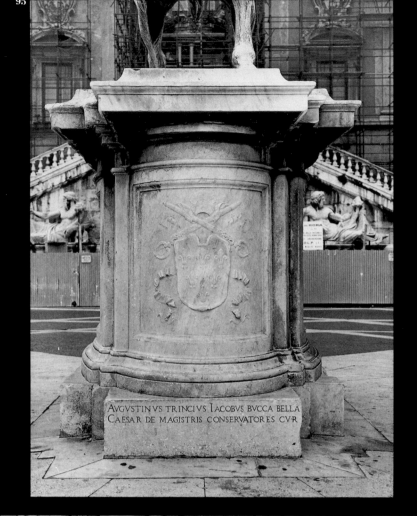

AVGVSTINVS TRINCIVS IACOBVS BVCCA BELLA
CAESAR DE MAGISTRIS CONSERVATORES CVR

PAVLVS III PONT. MAX. STATVAM AENEAM
EQVESTREM. A. S. P. Q. R. M. ANTONINO PIO ETIAM
TVM VIVENTI STATVTAM VARIIS DEIN VRBIS
CASIB: EVERSAM ET A. SIXTO IIII PONT. MAX. AD
LATERAN. BASILICAM REPOSITAM VT MEMO
RIAE OPT. PRINCIPIS CONSVLERET PATRIAEQ.
DECORA ATQ. ORNAMENTA RESTITVERET
EX HVMILIORI LOCO IN AREAM CAPITOLINAM
TRANSTVLIT ATQ. DICAVIT
ANN SAL · M · D XXXVIII

101

102

I restauri

Il più antico intervento documentato dalle fonti storiche si deve al papa Paolo II Barbo, che affidò al monetiere Cristoforo di Geremia da Mantova il restauro della statua. Dalle carte relative al pagamento, che ammonta a 300 fiorini aurei, non è possibile definire l'entità dell'intervento, che protrattosi dal 1466 al 1468 dovette essere piuttosto complesso. A conferma di ciò vi è la testimonianza di Nikolaus Muffel da Norimberga, che nel 1452 vide la statua riversa per terra.

Ulteriori rifacimenti furono commissionati da Sisto IV agli *aurifabris* Nando Corbolini e Leonardo Guiducci, che percepirono 200 fiorini nel luglio del 1474 ed altri 100 ducati e 275 fiorini alla fine del lavoro, probabilmente concluso in vista dell'Anno Santo del 1475. In tale occasione fu realizzata anche una nuova base con un'iscrizione che celebrava l'opera del pontefice.

Fino al 1834-36 le fonti archivistiche e storiche non documentano altri interventi sicuri. Le indagini conoscitive effettuate in occasione dell'ultimo restauro, iniziato come è noto nel 1981, hanno invece fornito molti dati relativi a riparazioni della statua, la cui datazione al momento attuale delle ricerche non è precisabile.

Alcuni tasselli rettangolari di grandi dimensioni sono stati attribuiti ad interventi successivi alla fase di rifinitura originaria. Ugualmente non riferibili al momento di fabbricazione sono alcune colate di metallo fatte direttamente sul monumento o sulla superficie interna e toppe di rinforzo con chiodi di rame.

L'intervento di riparazione più complesso è stato individuato sul cavallo, che ha subito pesanti danni nella regione costale sinistra, sul collo e sul gluteo destro, causati probabilmente da una caduta sul fianco sinistro o più in generale da un evento meccanico di considerevole entità. A causa dell'entità del danno si escluse un intervento di correzione plastica delle parti danneggiate. Esse furono asportate mediante il taglio della parete metallica e risarcite con pannelli di bronzo di nuova fattura, che presentano caratteristiche metallurgiche omogenee, completamente differenti rispetto alle sezioni originarie del cavallo. Tutti i pezzi sostituiti sono privi di tasselli di riparazione e di doratura.

La sapienza con la quale questi risarcimenti imitano il modellato antico hanno fatto ipotizzare alla Melucco Vaccaro che essi siano stati eseguiti prima dello spostamento della statua dal Laterano al Campidoglio da Michelangelo che, per garantire la sicurezza del trasporto, migliorò l'assetto statico del monumento eliminando i sostegni sotto i piedi del cavaliere.

Un intervento precedente a questo si deduce dalla presenza di doratura sui finimenti del muso del cavallo, applicata evidentemente dopo la perdita della decorazione. Che molti tratti superstiti di quest'ultima non siano originali si desume, del resto, dalla mancanza della caratteristica trama costituita dai punti in cui le foglie d'oro si sovrappongono, ben riconoscibile solo sulla groppa del cavallo nella parte coperta dal mantello.

Ad un altro intervento di notevole entità sono riferibili le saldature nelle quattro zampe del cavallo e la protuberanza di forma ovale all'attaccatura della criniera, dovute probabilmente ad un incidente che interessò solo l'animale, temporaneamente privo del cavaliere.

Un intervento di rilievo, che dimostra una notevole abilità nel riprendere il modellato originario, è costituito dalla sostituzione della calotta sulla testa di Marco Aurelio.

In occasione dei restauri del 1834-36 per consolidare l'assetto statico del monumento furono revisionati i sostegni della statua, corrosi dall'acqua penetrata all'interno, e furono sostituiti i perni che assicuravano il bronzo al basamento, furono chiuse le principali lacune (nella criniera e nell'acconcio dell'unghio), fu colato del metallone nelle zampe del cavallo e furono sostituite le grappe d'angolo anteriori sul piano superiore del piedistallo.

Il restauro effettuato nel 1912, effettuato nel Portico del Palazzo dei Conservatori, comportò il lavaggio delle superfici interne, la sostituzione dei rattoppi saltati e non più efficaci, la chiusura di nuovi varchi con pezze di bronzo simili all'antico ed il rinnovamento della crociera di sostegno del cavaliere sull'apertura del dorso del cavallo. La grappa d'angolo anteriore sinistra del piano superiore del basamento andò perduta in occasione dell'esplorazione del perno dello zoccolo anteriore sinistro e fu sostituita. Alcuni fori provocati da colpi di fucile sparati sul davanti del monumento per sfigurarlo furono chiusi con sommarie toppe di piombo (sul collo, sul mento e vicino al naso dell'imperatore).

Se si esclude la rimozione della statua equestre in occasione dell'ultimo conflitto mondiale, nessun altro intervento ha preceduto quello recentissimo condotto dall'Istituto Centrale del Restauro, iniziato il 17 gennaio 1981 con il trasferimento del monumento equestre nella sala-laboratorio presso il S. Michele. Dal 1981 al 1984 si è svolta la fase delle indagini preliminari, finanziate dall'Amministrazione Capitolina e da un contributo del Banco di Roma. Si sono così definiti lo stato di conservazione e le modalità di intervento sul manufatto bronzeo, presentati pubblicamente dall'ICR in una mostra dal titolo "Marco Aurelio Mostra di cantiere. Le indagini in corso sul monumento" (19 dicembre 1984 - 3 marzo 1985). Dalla primavera del 1987 alla fine del 1988, con il determinante sostegno economico della Ras, si è proceduto alla fase di restauro vera e propria.

Si è trattato di un intervento pilota, che in assenza di procedure ordinarie consolidate ha permesso un grande sviluppo delle tecniche d'indagine ed un'innovazione tecnologica della strumentazione disponibile. I risultati di maggior rilievo sono stati ottenuti dalla combinazione di più metodi d'indagine e dal confronto tra indagini strumentali, osservazioni visive e ricerche storiche. Lo studio della lega e della struttura è stato eseguito con una battitura radiografica e con l'impiego degli ultrasuoni. Le tecniche di esecuzione originarie ed i risarcimenti sono stati studiati, oltre che attraverso l'osservazione diretta, attraverso un esame endoscopico, reso possibile dall'impiego di fibre ottiche. Per le tecniche di saldatura, la composizione della lega e delle patine di alterazione, alle analisi metallografiche e chimiche tradizionali si sono aggiunti gli esami per difrazione X e per attivazione neutronica. Altre analisi sono state effettuate per conoscere il comportamento statico della struttura e la dinamica dei processi di degrado dovuti a cause meccaniche. Attraverso tecniche di simulazione sono state analizzate le sollecitazioni derivanti da fattori, principalmente termici, agenti in ambiente naturale.

Dopo la fase di sperimentazione iniziale, si è passati alla pulitura, effettuata per lo più con strumenti meccanici di precisione. Lo sforzo maggiore da parte degli operatori è stato quello di ottenere, come ha sottolineato Melucco Vaccaro, "un ragionevole equilibrio tra la rimozione dei prodotti dannosi e la necessità di non intaccare i componenti della lega".

Le toppe, le riparazioni e le manomissioni subite dal manufatto nel corso della sua storia, che al termine delle operazioni di pulizia risaltavano rispetto all'uniformità della superficie originaria, sono state ritoccate pittoricamente in modo da renderle meno evidenti dal punto di vista estetico.

Il restauro, infine, di valore esemplare non solo da un punto di vista tecnico e conservativo, ma anche perché di stimolo ad un nuovo approccio storico ed archeologico nei confronti del monumento antico, ha riproposto il tema della protezione dei bronzi all'aperto. Se, infatti, il desiderio di rivedere la statua bronzea al centro della piazza capitolina è unanime, la fragilità strutturale e superficiale della materia rendono possibile un'adeguata preservazione del bronzo antico solo a condizione che siano escluse tutte le sollecitazioni termiche e mecca-niche che derivano da un'esposizione all'aperto. In attesa che le indagini in corso sui protettivi superficiali diano sufficienti garanzie di durata e di facile rimozione, la collocazione provvisoria in uno spazio chiuso a condizioni controllate rappresenta la sola scelta in grado di soddisfare adeguatamente l'esigenza di preservare e nel contempo rendere fruibile un monumento unico e prezioso come la statua equestre di Marco Aurelio.

Nota Bibliografica

I dati utilizzati nell'elaborazione di questo saggio sono stati attinti dai contributi pubblicati nel volume *Marco Aurelio. Storia di un monumento e del suo restauro*, Milano, 1989, che a sua volta si avvale delle comunicazioni presentate al "Convegno internazionale sui problemi connessi al monumento equestre di Marco Aurelio in occasione del suo restauro" (Roma, 13-15 aprile 1989). A quei contributi si rinvia per una discussione più dettagliata degli argomenti e per una indicazione più precisa ed approfondita della bibliografia relativa.

Abbreviazioni:
Marco Aurelio 1989: *Marco Aurelio. Storia di un monumento e del suo restauro*, a cura di A. Melucco Vaccaro e A. Mura Sommella, Milano, 1989
Melucco Vaccaro 1989: A. MELUCCO VACCARO, *Archeologia e restauro*, Milano, 1989
Fittschen, Zanker 1985: K. FITTSCHEN, P. ZANKER, *Katalog der römischen Porträts in den Capitolinischen Museen und den anderen kommunalen Sammlungen der Stadt Rom*, I. *Kaiser-und Prinzenbildnisse*, Mainz a. Rh., 1985
Marco Aurelio 1984: *Marco Aurelio-Mostra di cantiere. Le indagini in corso sul monumento*, a cura dell'I.C.R., Roma, 1984

Per la storia del regno di Marco Aurelio, cfr. W. WEBER, *The Antonines*, in "Cambridge Ancient History", XI. *The Imperial Peace A.D. 70-192*, Cambridge, 1936, pp. 325-392; Id., *Rom. Herrschertum und Reich im zweiten Jahrhundert*, Stuttgart-Berlin, 1937, pp. 282-350, 351-406; L.A. STELLA, *Marco Aurelio* (Istituto di Studi Romani-Gli Imperatori Romani, XI), Roma, 1943; C. PARAIN, *Marc-Aurèle*, Paris, 1957 (tr. it. Roma, 1986); A. GARZETTI, *L'impero da Tiberio agli Antonini* (Istituto di Studi Romani-Storia di Roma, VI), Bologna, 1960, pp. 493-550, 696-708 (note critiche); L. PARETI, *Storia di Roma e del mondo romano*, V, Torino, 1966, pp. 307-373; A. BIRLEY, *Marcus Aurelius. A biography*, rev. ed., London, 1987. A questi ultimi si rimanda per l'indicazione delle fonti relative alla vita dell'imperatore, costituite principalmente da Cassius Dio, libro LXXI e da Scriptores Historiae Augustae, *Vita Marci*, *Vita Veri*, *Vita Commodi* e *Vita Cassi*. Per un profilo sintetico della personalità dell'imperatore, cfr. L. STORONI MAZZOLANI, *La figura storica di Marco Aurelio*, in "Marco Aurelio 1989", pp. 39-49. Per i problemi della successione, cfr. J. KEIL, *Kaiser Marcus und die Thronfolge*, in "Klio", XXXI, 1938, pp. 293 ss.; F. GROSSO, *La lotta politica al tempo di Commodo*, Torino, 1964; A.G. BIANCHI, *Lucilla Augusta, una rilettura delle fonti*, in "XIII Miscellanea greca e romana", Roma, 1988, pp. 129-144.

Per lo schema iconografico della statua equestre, cfr. H. VON ROQUES DE MAUMONT, *Antike Reiterstandbilder*, Berlin, 1958, pp. 38 ss.; H.B. SIEDENTOPF, *Das hellenistische Reiterdenkmal*, Walsassen-Bayern, 1968, pp. 34 ss.; C. HOUSER, *Alexander's Influence on greek Sculpture. Macedonia and Greece in late classical and early Hellenistic Times*, Washington, 1982, in partic. pp. 229 ss.; G. LAHUSEN, *Untersuchungen zur Ehrenstatue in Rom*, Roma, 1983, pp. 56 ss.; S. ADAMO MUSCETTOLA, *Una statua per due imperatori*, in "Domiziano/Nerva. La statua equestre da Miseno", Napoli, 1987, pp. 39-66. Per una sintesi sulla scultura equestre in Grecia: F. CHAMOUX, *I monumenti equestri in Grecia*, in "Marco Aurelio 1989", pp. 51-62. Per le fonti antiche relative alle statue equestri romane citate, cfr. G. LAHUSEN, *Schriftquellen zum römischen Bildnis*, I, Bremen, 1984 e la sintesi di J. BERGEMANN, *Provocazione e assuefazione: a proposito della storia delle statue equestri a Roma*, in "Marco Aurelio 1989", pp. 63-74. Sul significato dei monumenti equestri in eta romana, cfr. H.G. NIEMEYER, *Studien zur statuarischen Darstellung der römischen Kaiser*, Berlin, 1968; T. HÖLSCHER, *Die Anfänge römischer Repräsen-*

tationskunst, in "Röm. Mitt.", LXXXV, 1978, p. 315 ss.; J.P. ROLLIN, *Untersuchungen zu Rechtsfragen römischer Bildnisse*, Bonn, 1979 e da ultimo M. TORELLI, *Statua Equestris Inaurata Caesaris: mos e ius nella statua di Marco Aurelio*, in "Marco Aurelio 1989", pp. 83-102. Sugli equi magni dei Cataloghi Regionari, cfr. *Codice topografico della città di Roma*, a cura di R. Valentini, G. Zucchetti, I, Roma, 1940, p. 173; *Libellus de regionibus Urbis Romae*, rec. A. Nordh, 1949, p. 104; T. PEKÁRI, *Das römische Kaiserbildnis in Staat, Kult und Gesellschaft*, Berlin, 1985, pp. 84-87.

Per la letteratura archeologica sulla statua di Marco Aurelio, cfr. la bibliografia citata in W. HELBIG, *Führer durch die öffentlichen Sammlungen klassischer Altertümer in Rom*, IV ed. a cura di H. Speier, II, Tübingen, 1966, n. 1161 (H. von Heintze); FITTSCHEN, ZANKER 1985, pp. 72-74 n. 67, tavv. 76-77 (Fittschen); C. PARISI PRESICCE, *Il monumento equestre di Marco Aurelio. Scheda storico-archeologica*, in "Marco Aurelio 1989", pp. 19-33.
Sul gesto del braccio destro, cfr. A. RUMPF, rec. a K. Kluge, K. Lehmann Hartleben, *Die antiken Bronzen*, in "Philologische Wochenschrift", LIII, 1933, coll. 127 ss. (Adlocutio); H.P. L'ORANGE, *Studies in the Iconography of Cosmic Kingship in the Ancient World*, Oslo, 1953, pp. 139 ss.; R. BRILLIANT, *Gesture and Rank in Roman Art*, New Haven, 1963, pp. 47 ss., 89 ss., 140; G. KOEPPEL, in "Bonner Jahrb.", CLXIX, 1969, p. 192. Sull'abbigliamento del cavaliere, cfr. A. ALFÖLDI, *Die monarchische Repräsentation im römischen Kaiserreiche*, Darmstadt, 1970, pp. 167 s., 175 s.; ID., *Der frührömische Reiteradel und seine Ehrenabzeichen*, Roma, 1979², pp. 54 ss., 69 ss.
Hanno ipotizzato la presenza di oggetti nella mano sinistra del cavaliere C. PIETRANGELI, *Piazza del Campidoglio*, Milano, 1955, tavv. 28-33; ROQUES DE MAUMONT, *op. cit.*, p. 57; E.R. KNAUER, *Das Reiterstandbild des Kaiser Marc Aurel*, Stuttgart, 1968, in "Marc Aurel", a cura di R. Klein, Darmstadt, 1979, pp. 316, 334, 335; M. WOLOCH, *Note on the Equestrian Statue of Marcus Aurelius*, in "Amer. Journ. Arch.", LXXIII, 1969, p. 469; FITTSCHEN, ZANKER 1985, p. 73 (Fittschen). Grazie alle recenti indagini si è accertato che il palmo della mano era completamente libero: MELUCCO VACCARO 1989, p. 117; A. MELUCCO VACCARO, *Il monumento equestre di Marco Aurelio: restauro e riuso*, in "Marco Aurelio 1989", pp. 211-252.
Sull'anello senatorio, cfr. H.U. INSTINSKY, *Die Siegel des Kaisers Augustus*, Baden-Baden, 1962; T. DOHRN, *Bronzestatue im Museo Archeologico Firenze*, Berlin, 1968, pp. 10, 12, tavv. 13-15, 25.

Per il ritratto, cfr. K. FITTSCHEN, *Il ritratto del Marco Aurelio: considerazioni critiche dopo il restauro*, in "Marco Aurelio 1989", pp. 75-82. L'ipotesi del pasticcio tra III e IV tipo del ritratto dell'imperatore era stata avanzata da K. FITTSCHEN, *Hinterköpfe, Über den wissenschaftlichen Erkenntniswert von Bildnisrückseiten*, in "Festschrift für U. Hausmann", Tübingen, 1982, p. 123 s., tav. 21.1 e ripetuta in K. FITTSCHEN, *Il Monumento: scheda archeologica*, in "Marco Aurelio 1984", p. 13; FITTSCHEN, ZANKER 1985, p. 72; *Kaiser Marc Aurel und seine Zeit, Abguss-Sammlung antiker Plastik*, a cura di K. Stemmer, Berlin, 1988, p. 73 F3 (Tychsen). Per le proposte di datazione precedenti, cfr. la bibliografia raccolta in PARISI PRESICCE, *op. cit.*, p. 31 nota 22. Sul ritratto restano basilari J.J. BERNOULLI, *Römische Ikonographie*, Stuttgart, 1882-1894, II, 2, p. 165 s.; M. WEGNER, *Die Herrscherbildnisse in antoninischer Zeit*, Berlin, 1939, pp. 7, 13, 42, 100, 114, 121, 190 s., 280, 285, tavv. 22-23; M. BERGMANN, *Marc Aurel*, Frankfurt a.M., 1978, pp. 37 n. 23, 20 fig. 23, 41; M. WEGNER, *Nachträge zum römischen Herrscherbild im 2. Jh. n. Chr., I. Verzeichnis der Kaiserbildnisse von Antoninus Pius bis Commodus*, in "Boreas", II, 1979, p. 163, tav. 16.1; F.C. ALBERT-

SON, *The sculptured Portraits of Lucius Verus and Marcus Aurelius (a.D. 161-180): creation and dissemination of portrait types*, Bryn Mawr Diss. 1979, Ann Arbor, 1981, p. 271 s. N. 71.
Un elenco delle repliche del ritratto di III tipo si trova in WEGNER, *art. cit.*, p. 139 ss.; ALBERTSON, *op. cit.*, p. 150 ss., cui vanno aggiunti gli esemplari citati in FITTSCHEN, ZANKER 1985, p. 73 nota 9. La datazione di questa versione ritrattistica nel 160 d.C. è stata proposta da WEGNER, *op. cit.*, p. 40 ss. Quella del 161 d.C. da BERGMANN, *op. cit.*, pp. 23, 41, ribadita da ALBERTSON, *op. cit.*, p. 41. Un elenco delle repliche del ritratto di IV tipo si trova in BERGMANN, *op. cit.*, p. 41 s. (ha riconosciuto 2 varianti); WEGNER, *art. cit.*, p. 139 ss.; ALBERTSON, *op cit.*, p. 151 (ha distinto 3 varianti). WEGNER, *op. cit.*, p. 43 ss., basandosi sul lungo periodo di assenza da Roma tra il 169 ed il 176 d.C., propende per una datazione del prototipo nel 169, considerando il 176, per la quantità di repliche conservate, una datazione troppo vicina al 180, anno della sua morte. BERGMANN, *op. cit.*, pp. 26, 40, 42, propone di mettere in relazione la creazione del prototipo con uno degli avvenimenti degli anni compresi tra il 169 e il 176, suggerendo o il festeggiamento dei decennali nel 171, o le prime vittorie contro i Germani del 172, o la repressione della rivolta di Avidio Cassio del 175. Fittschen, in FITTSCHEN, ZANKER 1985, p. 73, concorda sostanzialmente con la Bergmann.

Sulla rappresentazione del cavallo nell'arte e sulle razze equine, cfr. la bibliografia citata in PARISI PRESICCE, *op. cit.*, p. 30 nota 7. Si è affermato spesso che le briglie non erano raffigurate (da ultimo MELUCCO VACCARO 1989, p. 117; EAD., *Il monumento equestre di Marco Aurelio: restauro e riuso*, in "Marco Aurelio 1989", p. 219). Ma poiché sono indicate sulle medaglie e monete raffiguranti statue equestri, è più probabile che siano andate perdute insieme alle altre parti dei finimenti non conservate. Una connessione tra tipologia della "sella" e vittorie partiche è stata ipotizzata da E.R. KNAUER, *The Persian Saddle Blanket*, in "Studia Iranica", XIII, 1986, pp. 265-266. Attribuisce un'origine persiana pure all'uso assai diffuso di raccogliere le ciocche finali della criniera in un ciuffo dritto sulla testa. Sul tipo di sella, cfr. A.D. BIVAR, *Cavalry equipment and tactic on the Eufrates frontier*, in "Dumbarton Daks Papers", XXVI, 1972, pp. 272-291; R. GHIRSCHMAN, *La selle en Iran*, in "Iranica Antiqua", X, 1973.

Sulle tecniche di fabbricazione del monumento, cfr. M. MICHELI, *Le tecniche di esecuzione e gli interventi di riparazione*, in "Marco Aurelio 1989", pp. 253-262; A. MELUCCO VACCARO, *Le tecniche antiche: fusione, assemblaggio e doratura*, in "Marco Aurelio 1984", p. 27 e i contributi di autori vari contenuti nella sezione *La struttura e le tecniche di fabbricazione*, a cura di M. Marabelli, in "Marco Aurelio 1984", pp. 39-54. Sui sistemi di fusione, cfr. pure E. FORMIGLI, *Note sulla tecnologia nella statuaria bronzea*, in "Prospettiva", XXIII, 1980, p. 61 ss.; C.C. MATTUSH, *Bronze Works in the Athenian Agora*, Athens, 1982; P.C. BOL, *Antike Bronzetechnik. Kunst und Handwerk antiker Erzbildner*, München, 1985.
Sulla doratura, cfr. K. KLUGE, K. LEHMANN-HARTLEBEN, *Die antiken Großbronzen*, Berlin, 1927, II, pp. 38 ss., 85 ss.; P.A. LINS, W.A. ODDY, *The origin of Mercury Gilding*, in "Jour. Arch. Science", II, 1975, pp. 365-373; W.A. ODDY, L. BORRELLI VLAD, N.D. MEEKS, *La doratura delle statue bronzee nel mondo greco e romano*, in "I cavalli di San Marco", Milano, 1977 e 1981, pp. 130-136; O. VITTORI, *Interpreting Pliny's gilding archeological implications*, in "Rivista di Archeologia", II, 1978, pp. 78-81; A. MELUCCO VACCARO, *La doratura*, in "Marco Aurelio 1984", p. 38; EAD., 1989, p. 119 s. e da ultimo P. FIORENTINO, *La doratura. Note sulle tecniche di esecuzione e osservazione sulla superficie del monumento*, in "Marco Aurelio 1989", pp. 263-276.

Sugli accorgimenti ottici della statua equestre, cfr. C. PARISI PRESICCE, *Le asimmetrie della statua equestre di Marco Aurelio. Un'ipotesi sul contesto originario*, in "Marco Aurelio 1989", pp. 103-126, dove sono indicati altri gruppi equestri scolpiti per una veduta non frontale. La presenza di correzioni ottiche nella statua di Marco Aurelio è stata rilevata anche da S. STUCCHI, *Su alcuni aspetti della problematica relativa alla statua equestre dorata di Marco Aurelio*, in "Boll. di Archeologia", I, 1, 1989, p. 33. Sebbene le mie opinioni sulla datazione del gruppo equestre differiscano dalle sue, mi conforta che anch'egli identifichi con Commodo il secondo cavaliere. Per le correzioni ottiche nella scultura antica, cfr. gli studi basilari di S. STUCCHI, *Nota introduttiva sulle correzioni ottiche nell'arte greca fino a Mirone*, in "Ann. Sc. Arch. Atene", XXX-XXXII, N.S. XIV-XVI, 1952-1954, pp. 23-73; *La decorazione figurata del Tempio di Zeus ad Olimpia*, ibid., pp. 75-129. Sulle stereofotogrammetrie utilizzate per la lettura delle asimmetrie, cfr. C. SENA, *Rilievo mediante metodi della fotogrammetria del vicino della statua equestre di Marco Aurelio*, in "Atti della 1ª Conferenza Internazionale": "Le prove non distruttive nella conservazione delle opere d'arte". Roma 27-29 ottobre 1983, a cura di M. Marabelli, Roma, 1985, I, pp. 24.1-24.14; G. ACCARDO, M. MICHELI, *L'utilizzazione di modelli per lo studio di problemi strutturali e formali*, in "Boll. d'Arte", LXXII, 41, 1987, pp. 111-125, con altra bibliografia precedente.
La precisa corrispondenza di accorgimenti ottici nel cavallo e nel cavaliere tenderebbe ad escludere i dubbi avanzati (T. LORENZ, *Beobachtungen an der Reiterstatue des Marc Aurel auf dem Kapitolplatz*, in "Griechische und römische Statuetten und Großbronzen. Akten der 9. Tagung über antike Bronzen in Wien, 21-25 April 1986", Wien, 1988, pp. 124-129) sulla loro reciproca pertinenza, a meno di non ammettere che il cavallo anche in precedenza appartenesse ad una statua lavorata in funzione dello stesso punto di vista. D'altra parte deformazioni e disorganicità costituiscono la norma nelle statue equestri, in cui il realismo nella resa dei particolari si accompagna quasi sempre ad una forzatura nelle proporzioni, finalizzata ad esaltare la maestosità della posa (allungamento del collo, accorciamento degli arti, riduzione delle misure della testa, ingrossamento del collo, ribassamento della groppa, ecc.).

Sulle monete e medaglie di Marco Aurelio con statue equestri, cfr. H. MATTINGLY, *Coins of the Roman Empire in the British Museum*, IV. *Antoninus Pius to Commodus*, London, 1968, tavv. 64.10 (172-173 d.C.), 64.17 (173-174 d.C.); F. GNECCHI, *I medaglioni romani*, II, Milano, 1912, tavv. 66.8 (161-162 d.C.), 60.8 (176-177 d.C.). La proposta di datazione della statua in connessione con le monete del 172-174 è di TORELLI, *op. cit.*, p. 94. Per il collegamento con le vittorie germaniche e con gli onori connessi con il trionfo, cfr. da ultimo FITTSCHEN, in "Marco Aurelio 1984", cit., FITTSCHEN, ZANKER 1985, p. 73; MELUCCO VACCARO 1989, p. 106; *Kaiser Marc Aurel und seine Zeit*, cit.: 176 d.C. Il primo a contestare la presenza del barbaro è stato il RUMPF, *art. cit.*, pp. 127 ss., che adduceva motivi tecnici. Cfr. pure P. FEHL, *The Placement of the equestrian statue of Marcus Aurelius in the Middle Ages*, in "Journ. Warb. Courtl. Inst.", XXXVII, 1974, pp. 362-367. Ne ha ribadito l'originaria presenza MELUCCO VACCARO 1989, pp. 111, 112 s. Sulla statua di Domiziano: STATIUS, *Silv.*, I, 1; MART., V, 19, 3; VI, 4, 2; VIII, 44, 7; X, 8. Per una datazione del gruppo bronzo, cfr. PARISI PRESICCE, *op. cit.*, p. 120 s., dove sono indicate le fonti relative agli avvenimenti citati. STUCCHI, *art. cit.*, p. 33 indica una datazione tra la fine del 176 e gli inizi 177 d.C., in connessione con l'elevazione all'impero di Commodo accanto al padre.

Una collocazione della statua su un arco è stata proposta da H. KÄHLER, *Rom und seine Welt*, München, 1958-1960, p. 316, tav. 217; Id., *Rom und sein Imperium*, Baden-Baden, 1962, tr. it. *Roma e l'arte imperiale*, Milano, 1963, p. 184 ss. e ripetuta da altri. Wegner, *op. cit.*, p. 114 e Roques De Maumont, *op. cit.*, p. 55, ipotizzano che la statua in antico non si trovasse al centro di una piazza, ma sul lato. Rumpf, *art. cit.*, p. 128, sostiene che la veduta principale per la statua non era quella frontale, ipotizzata da Kluge e Lehmann-Hartleben, *op. cit.* p. 85, ma quella laterale, come compare sulle monete. Sulla statua equestre nel Foro di Traiano, cfr. P. Zanker, *Das Traiansforum als Monument Imperialer Selbstdarstellung*, in "Arch. Anz.", 1970, col. 508, figg. 2-4.8.9.

La collocazione della statua in Laterano fin dall'antichità è stata ipotizzata da G. Zucchetti, *Marco Aurelio*, in "Capitolium", XXVIII, 1953, p. 328; Pietrangeli, *op. cit.*, tavv. 28-33; e, da ultimo, Fittschen, Zanker 1985, p. 73. Zucchetti, *art. cit.* e von Heintze in Helbig, *op. cit.* hanno proposto il contesto domestico.

Per l'ipotesi di collocazione originaria della statua sul basamento citato, cfr. V. Santa Maria Scrinari, *Scavi sotto sala Mazzoni all'ospedale S. Giovanni in Roma, Relazione preliminare*, in "Rend. Pont. Accad.", XLI, 1968-1969, pp. 167-189, in partic. p. 172 ss. Probabile, ma priva di riscontri obiettivi la considera Malucco Vaccaro 1989, pp. 107, 108. La collocazione presso la caserma degli equites singulares Augusti è stata proposta da Knauer, *op. cit.*, p. 308 e ribadita da Fittschen, Zanker 1985, p. 73. Per la collocazione originaria nel Foro, cfr. Torelli, *op. cit.*, p. 94 s. Per l'ipotesi del Campo Marzio presso la Colonna Antonina e gli ustrina, cfr. Parisi Presicce, *op. cit.*, p. 122. Per la trasformazione in Chiesa del basamento della Colonna Antonina, cfr. A.M. Colini, *Vicende della colonna dall'antichità ai nostri giorni*, in "La colonna di Marco Aurelio", Roma, 1955, p. 31 s. Per lo spostamento della statua al Laterano in età costantiniana, cfr. Melucco Vaccaro 1989, p. 109. Per le tre ipotesi relative alla seconda metà dell'VIII secolo, cfr. N. Gramaccini, *Die Umwertung der Antike. Zur Rezeption des Marc Aurel in Mittelalter und Renaissance*, in "Natur und Antike in der Renaissance", Frankfurt a.M., 1985, p. 56; L. de Lachenal, *Il monumento nel Medioevo fino al suo trasferimento in Campidoglio*, in "Marco Aurelio 1989", p. 129; Torelli, *op. cit.*, p. 95 ss.

Sulla statua equestre al Laterano, cfr. De Lachenal, *op. cit.*, pp. 129-155, una lucida sintesi di sicuro riferimento. Gli episodi citati del *Liber Pontificalis Ecclesiae Romanae* (CXXXVI e CXL) si trovano alle pp. 252 e 259 della ediz. L. Duchesne, Paris, 1892, II. Per il significato della statua equestre al Laterano, cfr. P. Lauer, *Le Palais de Lateran*, Paris, 1911; P. Fehl, *Placement of the equestrian statue of Marcus Aurelius in the Middle Ages*, in "Journal of Warburg and Courtauld Institute", XXXVII, 1974, pp. 362-367 (con riserve); C. Frugoni, *L'antichità dai "Mirabilia" alla propaganda politica*, in "Memoria dell'antico nell'arte italiana", a cura di S. Settis, I, Torino, 1984, p. 5 ss.; M. Miglio, *Roma dopo Avignone. La rinascita politica dell'antico nel Medioevo*, ibid., p. 115 ss.; F. Herklotz, *Der Campus Lateranensis in Mittelalter*, in "Röm. Jahr. Kunstgesch", XXII, 4, 1985, p. 13 ss.; N. Gramaccini, *op. cit.*; A. Nesselrath, *Simboli di Roma*, in "Da Pisanello alla nascita dei Musei Capitolini. L'antico a Roma alla vigilia del Rinascimento", Roma, 1988, pp. 194-205; N. Gramaccini, *La prima riedificazione del Campidoglio e la rivoluzione senatoriale del 1144*, in "Roma, centro ideale della cultura dell'Antico nei secolo XV e XVI. Da Martino V al Sacco di Roma, 1417-1527", a cura di S. Danesi Squarzina, Milano, 1989 p. 38 ss. Per la statua di Teodorico, cfr. H. Hoffmann, *Die aachener Theodorichsstatue*, in "Das Erste Jahrtausend", a cura di V.H. Elbern, I, Düsseldorf, 1962, p. 318 ss.

Sulla 'donazione costantiniana', cfr. M. Greenhalgh, *Iconografia antica e sue trasformazioni durante il Medievo*, in "Memoria dell'antico" cit., II, p. 153 ss., in partic. p. 192 ss.

Per le leggende eziologiche, cfr. A. Leski, *Ein Verschollenes Aition zur Reiterstatue des Mark Aurel*, in "Wiener Studien", LXI-LXII, 1943-1947, e pp. 190-194 = in "Gesammelte Schriften", Bern-München, 1966, pp. 579-582; *Codice topografico della città di Roma*, a cura di R. Valentini, G. Zucchetti, III, Roma, 1946, pp. 32 s., 92 s., 145 ss.; J.S. Ackerman, *Marcus Aurelius on the Capitoline Hill*, in "Rennaissance News", X, 2, 1957, pp. 69-74; Knauer, *op. cit.*, p. 309 ss.; Gramaccini, *op. cit.*, p. 57 ss. Sull'episodio di Cola di Rienzo, cfr. Anonimo Romano, *Cronica*, a cura di G. Porta, Roma, 1981, pp. 137-138. A. Giuliano, *La statua equestre di Marco Aurelio prima del suo trasferimento in Campidoglio*, in "Xenia", VII, 1984, p. 70, seguito da de Lachenal, *op. cit.*, p. 134, ritiene che l'acqua e il vino fuoriuscissero dalla bocca dei due leoni ai piedi del gruppo equestre, ma la presenza di fori nelle frogie del cavallo non esclude, come ha sottolineato Melucco Vaccaro, in "Marco Aurelio 1989", fig. 194, che la notizia delle fonti sia attendibile. Per la documentazione iconografica citata, cfr. Giuliano, *art. cit.*, pp. 67-74; A. Nesselrath, *I libri di disegni di antichità. Tentativo di una tipologia*, in "Memoria dell'antico", cit., III, 1986, p. 89 ss.; de Lachenal, *op. cit.* (con altra bibliografia). Sul bronzetto del Filarete, Nesselrath, in "Da Pisanello alla nascita dei Musei Capitolini", cit., pp. 203, 235 cat. 82 (con bibliografia precedente).

Per le diverse denominazioni fino a quella del Platina e sui restauri di Paolo II e di Sisto IV, cfr. A. Giuliano, *La statua equestre di Marco Aurelio e la cultura umanistica tedesca*, in "Römisches Porträt, Berlin, 1981" = *Wissenschaftliche Zeitschrift der Humboldt-Universität zu Berlin*, XXXI, 1982, pp. 197-199; T. Buddensieg, *Die Statuenstiftung Sixtus IV im Jahre 1471*, in "Röm. Jahrb. Kunstgesch.", XX, 1983, pp. 33-73; F. Haskell, N. Penny, *Taste and the Antique*, New York-London, 1981, tr. it. *L'antico nella storia del gusto*, Torino, 1984, pp. 252-255 N. 55; e, per le fonti, E. Müntz, *Les arts à la cour des papes pendant las XVe et le XVIe siècle*, Paris, 1878-1882, II, p. 92 s., III, p. 176 ss.; Valentini Zucchetti, *op. cit.*, IV, 1953, pp. 241 s., 354 s., 408, 491 s. (con riferimento all'opera dell'Albertini).

Per l'affresco di Filippino Lippi, cfr. G.L. Geiger, *Filippino Lippi's Carafa Chapel. Renaissance Art in Rome*, Ann Arbor, 1986, p. 103 ss., fig. 58. Per gli ultimi disegni citati, cfr. rispettivamente H. Egger, *Codex Escurialensis*, Wien, 1906, pp. 96-97, fig. 47, f. 31v; C. Hülsen, H. Hegger, *Die römischen Skizzenbücher von Marten van Heemsckerck*, I, Berlin, 1913, p. 36 ss., f. 12v; Giuliano, *art. cit.* (1984), p. 75, figg. 7-8.

Per la statua equestre sul Campidoglio, cfr. A. Mura Sommella, *Il monumento di Marco Aurelio in Campidoglio e la trasformazione del palazzo Senatorio alla metà del Cinquecento*, in "Marco Aurelio 1989", pp. 177-194. A questo studio è dovuta l'identificazione del basamento raffigurato nell'affresco della Sala delle Aquile con il più antico piedistallo della statua equestre in Campidoglio e, in generale, il riconoscimento dell'importanza della veduta. Per le fonti archivistiche e iconografiche, oltre allo studio citato, cfr. E. Rodocanachi, *Le Capitole romain antique et moderne*, Paris, 1904, pp. 70-77; P. Pecchiai, *Il Campidoglio nel Cinquecento*, Roma, 1950; P. Künzle, *Die Aufstellung des Reiters vom Lateran durch Michelangelo*, in "Römische Forschungen der Bibliotheca Hertziana", XVI (= Mischellanea Bibliothecae Hertzianae, München, 1961), pp. 255-270; C. Pietrangeli, G. De Angelis D'Ossat, *Il Campidoglio di Michelangelo*, Milano, 1965; C. D'Onofrio, *Renovatio Romae*, Roma, 1973. In generale sul trasferimento di Paolo III e sul progetto di Michelangelo, cfr. H. Siebenhüner, *Das Kapitol von Rom: Idee und Gestalt*, München, 1954, pp. 54-63; T. Buddensieg *Zum Statuenprogramm in Kapitolsplan Paulus III*, in "Zeitschrift für Kunstgeschichte", XXXII, 1969, p.

177 ss.; W. LIEBENWEIN, *Antikes Bildrecht in Michelangelos "Area Capitolina"*, in "Mitteilungen des Kunsthistorischen Institutes in Florenz", XXVIII, 1982, pp. 1-32; H. THIES, *Michelangelo. Das Kapitol*, München, 1982; P. PRAY BOBER, R. RUBINSTEIN, *Renaissance Artists and Antique Sculpture. A Handbook of Sources*, London, 1986; *Michelangelo e l'arte classica*, a cura di G. Agosti e V. Farinella, Firenze, 1987; A. MARINO, *Idoli e colossi: la statuaria antica sulla piazza del Campidoglio da Sisto IV a Leone X*, in "Roma, centro ideale", cit., pp. 237-247. Sulle vedute e sui diari di viaggiatori, cfr. R. CHEVALLIER, *La statue équestre du Capitole vu par les Français*, in "Revue Belge de Philologic et d'Histoire", LXII, 1984, pp. 79-97.

Sul basamento, cfr. A.M. FERRONI, F. SACCO, *Il basamento di Marco Aurelio. Una lettura archeologica*, in "Marco Aurelio 1989", pp. 195-204. Per l'ipotesi di un precedente basamento, cfr. KÜNZLE, *art. cit.*, p. 255 ss.

Sugli stucchi di Luzio Luzi, cfr. PIETRANGELI, DE ANGELIS D'OSSAT, *op. cit.*, p. 126 n. 7, figg. 94-96; C. PIETRANGELI, *Luzio Luzi pittore in Campidoglio*, in "Studi Romani", XXI, 1973, pp. 506-508. Ringrazio A. Mura Sommella per avermi segnalato la veduta con il Marco Aurelio e per averne discusso con me la datazione. Le raffigurazioni delle tre volte decorate a stucco meriterebbero uno studio più approfondito.

Sull'iscrizione del basamento, cfr. G.G. PANI, *Considerazioni ed ipotesi in margine all'iscrizione "Imp. Caesari Divi Antonini F. etc." sul basamento della statua equestre di Marco Aurelio in Campidoglio*, in "Archivio della Società Romana di Storia Patria", CIII, 1980, pp. 313-320.

Sul significato del progetto di ristrutturazione della piazza di Michelangelo, cfr. G. VASARI, *La vita di Michelangelo nelle redazioni del 1550 e del 1568*, ed. P. Barocchi, Milano-Napoli, 1962; R. BONELLI, *La piazza Capitolina*, in "Michelangelo architetto", a cura di P. Portoghesi e B. Zevi, Torino, 1964, pp. 427-496. Due recenti interpretazioni del progetto originario e del disegno dell'ovato sono state avanzate da G. DE ANGELIS D'OSSAT, *Il Marco Aurelio nella piazza del Campidoglio*, in "Marco Aurelio 1989", pp. 157-168; STUCCHI, *art. cit.*, p. 34 ss.

Sui restauri, cfr. A. MELUCCO VACCARO, *Il monumento: storia conservativa e lettura tecnica*, in "Marco Aurelio 1984", p. 11 s.; MELUCCO VACCARO, in "Marco Aurelio 1989", pp. 211-252. Per gli interventi che hanno preceduto quello dell'ICR, cfr. pure G. TABAK, *Nota sul restauro del Marco Aurelio al tempo di Gregorio XVI*, in "Rassegna Archivi di Stato", XLII, 1982, p. 133 ss.; A. APOLLONI, *Vicende e restauri della statua equestre di Marco Aurelio*, in "Atti e Memorie della R. Accademia di San Luca. Annuario", II, 1912, pp. 1 ss.; E. LA ROCCA, *Sulle vicende del Marco Aurelio dal 1912 al 1980*, in "Studi Romani", XXIX, 1981, pp. 56-60, tavv. 13-20. Sul dibattito relativo alla temporanea musealizzazione del monumento equestre, cfr. G.C. ARGAN, *Dentro o fuori?*, in "Marco Aurelio 1989", pp. 13-14; M. PALLOTTINO, *Per la protezione e conservazione del grande simbolo di Roma*, in "Marco Aurelio 1989", pp. 15-17; M. D'ELIA, *L'impegno dell'Istituto Centrale per il Restauro*, in "Marco Aurelio 1989", pp. 207-209.

Referenze fotografiche

Le fotografie a colori della statua di Marco Aurelio sono di Lorenzo De Masi, Roma.

Le fotografie dei rilievi storici (1-3) e dei ritratti di Marco Aurelio (35-43), eseguite da Barbara Malter, sono dei Musei Capitolini (Archivio fotografico).

Le stereofotogrammetrie della statua equestre sono state eseguite dall'Ing. C. Sena del Politecnico di Torino.

Le figg. 76-79 sono state realizzate da Barbara Parisi Presicce e sono tratte l'una dalla stereofotogrammetria del cavallo e l'altra da G. Accardo e G. Santucci, in "2ª Conferenza internazionale sulle prove non distruttive..." (Perugia, 17-20 aprile 1987), I/3, fig. 5.

Le fotografie della statua equestre sulla piazza capitolina sono dei Musei Capitolini (Archivio fotografico).

Le altre illustrazioni sono state riprese dal volume *Marco Aurelio. Storia di un monumento e del suo restauro*, cit.

Marcus Aurelius: a brief history of a famous statue

Marcus Aurelius the Roman emperor: the man and his historical perspective

On the seventh of March, following the death of Antoninus Pius, Marcus Aurelius took over the reins of empire. His accession to power had already been foreseen during the reign of Hadrian, who in 138 AD, the last year of his life, in addition to designating Antoninus Pius as his successor, had also imposed his adoption of Marcus Aurelius, the son of a patrician family from the western fringes of the empire, now southern Spain.

A man of great ability, the success of Marcus Aurelius was firmly based on a wide education under the guide of the priesthood, with emphasis on respect for ancient traditions. This, with the help of his aristocratic connections soon led him rapidly to the pinnacle of power, serving first as prefect of Rome during the Latin Holidays, and at the age of 18, as quaestor. He then rose precipitously; jumping all of the intermediate steps of a public career to be designated, on the death of Hadrian, to the Consulate as colleague of the new emperor. At the same time, he received the title of Caesar, indicating that he was already considered heir to the throne.

As a young man on the threshold of power, he had already moved to the imperial palace on the Palatine hill. Here his education continued: under Fronto he learned the art of public speaking, and Apollonius, Claudius Maximus and Junius Rusticus all provided training in philosophy. Through the reading of Epictetus the adopted the Stoic philosophy, of which he was to become one of its highest exponents.

After a long betrothal, he married Annia Faustina, the daughter of Antoninus Pius, a cousin on his father's side, and beginning in 147 AD, she gave birth to at least 12 children. Of these, commonly the case in those days, only four survived infancy.

In 146, Marcus was nominated consul for the second time, and received the power of tribune: thus being already occupied with guiding the Empire. His succession was assured by Antoninus Pius, who on his death bed, called for allegiance to Marcus Aurelius by his associates, and by the prefect of the praetorian guard. This was reinforced by the transfer of the golden Statue of Fortune, symbol of the favour of the gods, from his room to that of his designate.

Following accession to the throne, the new emperor immediately nominated Lucius Verus, adopted as brother at the bidding of Hadrian, to share power; at the same time, promising him in marriage his oldest daughter, Annia Lucilla. This act, for the first time in the story of the Roman Empire, established two rulers contemporaneously; both with the title of Augustus. The only extra imperial prerogatives that Marcus retained for himself alone, were the title and functions of Pontifex Maximus.

It was in 162 AD that the long war began against invaders along the eastern confines of the empire, in Armenia and Syria. Leadership of the campaign was delegated to the same Lucius Verus, who returned to Rome victorious in 166.

Unfortunately, a year later, there was an outbreak of the plague brought back from the Danube front by the victorious troops, and in repelling the assault of the Germanic tribes, which led in 167 to his fifth acclamation while Emperor, Marcus Aurelius, aided by Lucius Verus, led the campaign in person. It was during the return journey that Lucius Verus met his death. According to some sources, this was as a result of a decision of Marcus Aurelius or his wife, who were alarmed by the co-emperor's dissolute life, and his ascendancy over the troops. The senate immediately decreed divine status for the defunct leader, and Marcus Aurelius improved his links with the army by rewedding his daughter with Claudius Pompeianus, a leading general in military circles. The campaign on the Eastern front was prosecuted under considerable financial difficulties, and in order to finance it, the emperor was obliged to sell in the Forum of Trajan many precious ornaments from the imperial palace. Other problems loomed on the horizon: Avidius Cassius, governor of Syria, spreading the rumour of the death of the emperor, proclaimed himself successor. Although the revolt was soon stamped out, it reinforced the concerns of Marcus Aurelius for the succession, and he soon associated his son Commodus by his side in future campaigns; reinforcing his son's image by a series of honours: culminating in his appointment as co-emperor in 177 AD. In March 180, after a brief illness, Marcus Aurelius died and was accorded many honours, including divination, the erection of a temple, and of a gilded statue in the Curia.

Equestrian statues as monuments

The equestrian statue is the oldest and most widely diffused type of monument to be erected in honour of successful rulers in the classical world. Over 200 are documented in literary sources, and this must be only a proportion of the true number. The statue of Marcus Aurelius remains the most impressive, and one of the few surviving examples of the genre.

At the root of the impressive symbolism of a triumphant leader on his horse, is of course the natural authority, control, and military advantages attributed to the armed horseman, "cavalier", or knight: not just over his steed, but also over ordinary mortals: in classical times, the regal attributes, courage and domination of the leader on horseback, were immediately apparent.

The first to profit from the powerful symbolism of the mounted horseman were the Greeks. As early as the sixth century BC, equestrian statues first made the appearance, according to Pliny, to honour winners of sporting contests, though the oldest examples were clearly funerary or votive in intent; the horseman and horse being idealised, with no attempt to portray actual personages. Later on, beginning with Alexander the Great, and the growing military importance of cavalry, equestrian statues came to symbolise the military might of the horseman. The personages "elevated" in this manner were usually royalty: a usage that became exclusive in later Roman times. However, until rigid control began to be exerted by the senate on those conceded such an honour, early statues also commemorated other members of the aristocracy. Presumably the inspiration for an equestrian type of commemorative statue, was found in the Hellenic sanctuaries seen by the commanders of Roman legions during the conquest of Greece and the Orient.

The equestrian bronze of Marcus Aurelius

The earliest reported equestrian statues in Rome date from 338 BC: for example, those commemorating C. Maenius and L. Furius Camillus, conquerors of the Latin Tribes (Lega Latina) which were erected on columns near the Comitium (from which comes the original meaning of committee, or meeting place). Such statues were erected in public recognition of extraordinary merit, and service to the common good. This motive explains their initial location close to the Forum and the Comitium. In the second century before Christ, with the predominance of individual rulers over the original republican sentiments, these statues came more to resemble portraits, as well as embodiments of the patrician ideal.

With the emperor Augustus and during the Julio - Claudian age, two principal modalities for the equestrian statue came to be distinguished; what we may refer to as "rampant" and "standing". The first, in the tradition of Alexander, was originally utilized by victorious Roman generals; the horse being abruptly reined in, rearing on the pediment: the horseman in armous, and his steed, are charged with tension and aggressive force. This modality, embodying the leader as conqueror, with Augustus, came to be exclusively reserved for the emperor and his family, who also usurped the former privilege fo conquering generals for a personal "triumph" on returning victorious to Rome. The second, less assertive "standing mode", of which our particular subject is an example, continued to be used for a variety of public dedications, also at less elevated level of society. As a counterpart, the civic messages transmitted by the two modes, were respectively, the "Domitor Invictus" (Invincible conqueror), and "Restitutor pacis" (Restorer of the peace: a less exclusive function!). Other messages, less obvious to the modern eye, were transmitted by the style of dress, etc., and by varius symbols ornamenting the horse and rider, which were particular to the Roman pantheon of divinities.

Our sources of information on the diversity of equestrian statues which survived until a relatively late date, include literary sources, but also notably, various mintings of Roman coinage. These, due to the changing style of portrayal and the date, are valuable in helping with the chronology of such monuments. The Regional Catalogues, dated to the fourth century after Christ, record 22 equestrian statues of the emperors, but makes no specific mention of that of Marcus Aurelius. As for other "large horses" mentioned in the above catalogues, that of Marcus Aurelius is roughly double life size: the bronze covered with gilding; the most costly finish that can be applied to such a large bronze.

The horseman

The emperor wears a short sleeved tunic, gathered in at the waist by a knotted cingulum. This is covered by a mantle with purple hem clasped on the right shoulder, and falling on the chest and back with pleats, to overflow on both sides and over the back of the horse. On his feet, in place of military boots, are patrician sandals of fine leather, knotted over the calf. Also absent is the military breastplate, worn by Marcus Aurelius only during military parades, and this aspect, underlies the generally pacific aspect of the statue; as already indicated, embodying the emperor as "pacator orbis", or "restorer of universal peace".

The right arm raised, with fingers extended, is to low for a salute, and is usually interpreted as an attempt to capture that gesture, in the classic mode of elocution, made by a speaker to call the audience to attention just prior to

beginning a public pronouncement. The left arm, bent at the elbow with palm upwards, is half open, and formerly held the reins between index and middle finger; these are now entirely lost. It has been speculated from the open pose of the cupped hand, that it also held another object; variously identified as a sceptre, a globe, etc., but there seems no signs of a point of soldering on the palm that supports this contention.

The style of portrayal of the richly curled hair of the emperor, forms a motif quite different from that shown in other portraits from coins issued during his reign, though sharing features of the so-called third type. His forehead shows the only sign of tension in the portrait, a pair of creases above the eyebrows.

The horse

The sculpturing of the steed of Marcus Aurelius, equals in realism that of the emperor: a stallion, which we would recognise today as of northern or western stock; predecessor perhaps of the medieval warhorse. He is represented in fluid movement, restrained by the bridle (now lost), held in the emperor's left hand, with the left front leg bent at the knee, and most of the weight on the right foreleg, which in consequence, appears foreshortened: the entire pose empahsising majesty, and the solemn, yet dynamic aspect of the representation.

Great attention has been paid by the artist to the horse's musculature and surface features, to great effect: details such as the representation of the veins, arteries and tendons in relief under skin, the muscle fasciae, the creases of skin on the neck; all lend a heightened realism to this masterly portrayal.

The horse's head is held inclined, presumably in response to the action of the reins on the metallic bit, which is seen creasing the mouth; held half-open. A parade harness, in which metal plates are fastened in place by paired leather cords, originally bore, most likely, religious symbols which are now lost; certainly, the remaining lead solder shows that a decorative element originally existed.

The balteus or strap round the neck of the horse also served as a point of attachment for a another strap, attached by a buckle, which passed under the horse just behind the front leg, and held in place the front end of the saddle: originally, a similar strap no lost, was fastened round the base of the tail, and prevented the saddle riding forwards. In fact we are not dealing with a tru saddle in the modern sense of the word, but a tasseled, multi-layered blanket; probably of leather underneath, and ligh cloth in the upper layers: the tasellation of triangles and rectangles along its border is a Persian mode; supposedly referring to the conquest of the Parthians along the eastern frontier of the empire. As usual in those times, there were no stirrups, and the hooves were unshod.

The assymetry of the composition: a lost twin?

The detailed measurements and drawings done during the restoration, brought to light a marked assymetry of the composition: the left half of the horse's head is fractionally larger than the right, and the shoulder are slightly enlarged on the same side; also the orbit of the eye and the nostril are more prominent on the left, and the point of attachment of the left ear is slightly higher than the right. This slight assymetry, and deliberate enlargement of the left side of the animal, suggests that the artist intended the group to be seen from other than a frontal position in order to correct for the optical distortion which occurs when a statue is viewed from the side and from below. This results in the farther side looking squashed or receding, unless compensated for by a slight assymmetry. All of these elements suggest that the statue was originally intended to be viewed from the right front: the position to which the emperor's hand and the horse's head are directed. Slight assymetries are also evident in the emperor's portrait: a flexion to the right of the trunk, the higher left shoulder, and a slight enlargement of the right side of the face, all suggest the same angle of view for the observer; a view from the right front, and an elevation of the statue on the original pediment at a similar height to the replacement constructed by Michelangelo.

The exciting conclusion reached from these observations and other details not mentioned in this brief summary, is that either the statue was originally sited along a road running parallel to its right side, or more obviously, that the statue of Marcus Aurelius was originally isolated, but had originally at its flank, another bronze statue!

This statue, if it existed, could only have been of the imperial family, hence, could only have been either Lucius Verus or Commodus. The missing statue would presumably have been the mirror image of its survivor; intended to be viewed from the left front. Further, we may deduce that if the missing horseman had been his son Commodus, (and there are historical reasons to eliminate Lucius Verus from this role), the plausible occasions to erect such a statue would all have been events falling between the second half of 175 AD and 177 AD: notably, his first assumption of the adult toga, the celebration of military honours after the campaign against the Germanic tribes, his designation as first consul, Father of the Country (pater patriae), or as co-emperor with his father. Another, perhaps more plausible theory, is that the statue was erected by Commodus in commemoration of the death of this father. Such a posthumous dating of the statue seems to accord well with the portrait of the emperor, which nevertheless, contains elements from styles of portrayal of Commodus. The apparent detachment and imperturbability of the expression of the emperor could also be thus explained, given that now, soon after his death, he had been raised to divine status.

Techniques of construction

The inner surface and thickness of the walls of the bronze allow us to deduce the method of manufacture; the so-called "indirect lost wax" method. In contrast to the single casting used for smaller statues, this consisted of casting segments of the sculpture separately, and welding them into a unit subsequently; a procedure that was sparing in metal and simpler in handling, and began to be used in the fifth century BC. Starting with the prototype, a mould was made, and negative impressions taken of each separate parts, divided along lines where the joins would be less perceptible.

Each part of the mould was brushed with wax; the thickness of which could be adjusted to the desired thickness of bronze. Above this was applied a fire-resistant clay, then, through various stages, the wax was replaced by molten bronze, with a thickness of from 3 - 8 millimetres.

These plates, once cooled, were welded to form the final statue, polished and any imperfections removed. The rider was assembled from in 17 parts; the arms, legs and head being fused on the thorax, made up of nine elements, with three extra portions for the mantle, for an overall weight of 620 kg. The horse was made in 16 parts; 12 for the torso, with the hooves and tail separately, and the head and neck made up of three segments. Joints were either made by pouring liquid metal between the adjacent edges, or by insertion of soldering to create a metallic insertion or linkage.

There is no evidence that the original gilding was applied using mercury, as in the later periods: the ancient system, developed in Egypt in the sixth century BC of applying the gold by hammering into a surface roughened previously by an iron instrument, may well have been used.

Dating of the equestrian statue, and its original location

In addition to the indirect evidence provided by the statue itself, coinage and medals commemorating erection of equestrian statues in the reign of Marcus Aurelius appeared in 162, 172-174, and 177 AD; and it seems reasonable to seek a linkage between one of these dates and the date of casting of the Capitoline statue. The coin minted in 177 is unanimously considered to be related to the triumph celebrated the previous year by the Emperor with Commodus, over the germanic tribes. Another occasion seems offered in 180, when Commodus was designated to the consulate for the third time, received his fourth acclamation as emperor, and received a triumph, in which the part played by his recently deceased father must have been evident. From this period, a coin, the sesterce, portrays a bust of Commodus with laurel leaves, and on the reverse side, the same emperor on horseback, with his right arm raised in the same pose as the statue of his father.

The linkage with a victory celebration seems supported by other elements: the large patch on the point of the front right hoof seems to confirm the original presence of a squatting barbarian, several times recorded by Medieval sources, but later lost. In conformity with other representations, it would not be out of the question if the submissive posture of the captive, united to the gesture of Marcus Aurelius, was intended to embody the concept of clemency of the emperor: a long tradition in the art of the imperial age.

The original location and nature of the statuary group is lost in history, but must have been roughly at the current level with respect to the eye of the observer, in a wide space in the open air, in the same manner as the equestrian statue of Trajan in the centre of his forum. The statue did not come from an excavation, and it commonly believed that it was located at its original site on the Celio, in the region of the Lateran; or possibly, given the close ties between the emperor and the military, that it was sited outside the barracks of the "Equites Singulares", the cavalry escort that flanked the Praetorian Guard. Other hypotheses, perhaps more probable, place the paired statues, erected perhaps in 180 AD, in the area of the Forum, or in the Campus Martius. In the latter case, its later relocation could have been in response to the frequent fires that devestated Rome beginning in the 3rd Century. It has been hypothesized also that the movement of the statue to the Lateran area dates to the time of

Constantine, supposing that the bronze formed part of the gift to the pope from the first Christian emperor; others consider the move to have been later, but not after 782, since there is reason to believe the statue was already in place by the time of the visit of Charles the Great to Rome from 780-782.

The oldest unambiguous record of the statue, which also explains its long survival, is from the "Liber Pontificalis Ecclesiae Romanae" from around the 10th Century, which refers to the torture of the prefect of the city, a leader of the rebellion against the then pope Giovanni XIII, who was "hung up by the hair" at an equestrian monument referred to as "Constantine's horse": a reference which is generally agreed to be to *our* statue. This has now become wrongly attributed to the first Christian emperor, and hence is a sacred Christian relic protected the church; especially since it conferred dignity and a certain martial prestige to the pontifical authority. However the statue as a focal point for conflicts between ecclesiastical and civil interpretations of the significance of the statue, continued until its transfer to the Campidoglio. The statue witnessed many dramatic events, such as the mutilated body of the antipope Boniface VII, abandoned at its feet in 984 by an opposing faction in the struggles between ecclesiastical and civil power in Rome around the turn of the millenium.

It was on 12 January 1538 that the equestrian statue, as we now know it, was moved to the Campidoglio, and on the 25th of that month it was inspected in its new location by Pope Paolo III. It was at that time that a new pedestal was constructed, replacing the fourteenth century support at the Lateran location. There seems evidence however from a variety of prints dating from the period, for more than one replacement of the pedestal, and of the relocation of the statue in the immediate area, as a result of various civil works in the 16th Century. The "reformation" undertaken in the area by the Capitoline magistrates, allowed Michelangelo to incorporate changes to the pedestal into a more general refurbishing and redesign of the whole Piazza, during which the statue became the fulcrum of the entire majestic architectural composition, with its complex pavement design.

The restoration of a damaged masterpiece

The oldest attempt at restoration documented dates from pope Paolo II, who entrusted restoration of the statue to the coin maker (monetiere?) Cristoforo di Geremia from Mantova, who for 300 golden florins, occupied himself from 1466 - 1468 with the task. Later repairs were commissioned in 1474 by Sisto IV, who also constructed a new base for the statue. From this date until the next documented repairs in 1834-36, we have no record of other interventions. The traces of these repairs are recognisable from the numerous patches scattered over the statue. During the restoration in 1912 were added "6 melted pieces of bronze, 8 dowels of tin, 185 studs with large screws, 654 tiles, and over a thousand other small screws and studs!". The last repairs started in 1981, give no precise date for

these older repairs discovered during the course of the work.

This last repair was begun in January 1981, and followed a terrorist bomb attack on the Campidoglio in April 1979. The then Mayor of Rome, G.C. Argan, immediately afterwards charged the Central Institute for Restoration to carry out the first inspection on the Piazza. The statue, although undamaged in the attack, showed serious signs of corrosion, and potential structural instabilities, particularly cracks in the hooves. A pilot investigation was decided upon, to determine the situation and decide how to proceed. This was completed with financial assistance from the Capitoline administration, and the Banco di Roma. However, it was only after further economic input from "Riunione Adriatica di Sicurtà" in cooperation with the Capitoline administration, that the restoration, now completed, could begin in February 1987.

The approach to restoration developed is largely an original one, though based on earlier experiments, and has implications for restoration of other bronze statues of the same type. Some highlights of what was a complex and laborious task, are:
a) Use of an ion-exchange resin for the removal of the black scale accumulated on the gold plating.
b) Trisodium EDTA to dissolve the mixture of scale and corrosion products, as well as the remains of protective coatings applied in previous restorations, on the areas with streaks or black marks.
c) On the inside walls, and outside where crusts of up to several centimetres had accumulated, various mechanical means were also used.

This cleaning has revealed many details of the modelling, and of earlier repairs, for example the gilding of the face of the horse is probably secondary; applied much later than the original. The aesthetic result of the restoration has been optimal, to an extent not expected from the initial condition of the monument, but at least one major unresolved research problem remains. There is as yet no surface protectant which can guarantee that ageing of the bronze will not continue, if the monument is again exposed to the atmospheric conditions, including the aie pollution currently experienced in Rome. Acrylic resins and synthetic waxes are the best available surface coverings, but give no lasting guarantee of protection, particularly from humidity.

In fact, measurements made by The Chemical Laboratory of ICR, and the Centre for Works of Art of CNR in Rome, show that capillary condensation on corroded bronzes exposed to the outside air, significantly increases the conductivity across the surface patina and hence promotes corrosion. This begins at 80% relative humidity; conditions that occur in Rome during about 90 days in the year. This almost certainly means that the original statue, now restored, will have to be exhibited indoors, under controlled and unpolluted atmospheric conditions of constant temperature and low humidity, if it is to remain available for the aesthetic appreciation of future generations.